贰阅 | 阅爱·阅美好

让阅读走心
让阅历丰盛

心灵书写

让写作通往疗愈

冰千里 ◎ 著

北京联合出版公司
Beijing United Publishing Co., Ltd.

图书在版编目（CIP）数据

心灵书写：让写作通往疗愈/冰千里著.—北京：
北京联合出版公司，2021.11
　　ISBN 978-7-5596-5481-6

Ⅰ.①心… Ⅱ.①冰… Ⅲ.①写作—心理学分析
Ⅳ.① H05-05 ② B84

中国版本图书馆 CIP 数据核字（2021）第 162781 号

心灵书写：让写作通往疗愈

作　　者：冰千里
出 品 人：赵红仕
选题策划：北京时代光华图书有限公司
责任编辑：刘　恒
特约编辑：范朝颖　商金龙
封面设计：零创意文化
版式设计：冉　冉

北京联合出版公司出版
（北京市西城区德外大街 83 号楼 9 层　100088）
北京时代光华图书有限公司发行
北京晨旭印刷厂印刷　　新华书店经销
字数 229 千字　　787 毫米 × 1092 毫米　　1/16　　18.5 印张
2021 年 11 月第 1 版　　2021 年 11 月第 1 次印刷
ISBN 978-7-5596-5481-6
定价：68.00 元

版权所有，侵权必究
未经许可，不得以任何方式复制或抄袭本书部分或全部内容
本书若有质量问题，请与本公司图书销售中心联系调换。电话：（010）82894445

目 录

自序 01
前言 05

第一章
不一样的书写,让你看见真实内心

1　什么是"心灵书写"?为什么要写? 002
2　砸碎写作的条条框框,才能获得更多掌控 006
3　写得越具体,就越容易看见内在情绪 011
4　写字不是迎合他人,而是尊重自己 016
5　写日记是思考,心灵书写是觉知 020
6　心若没了方向,在所有写作地点都是流浪 023
7　一口气写完,让情绪、情感集中释放 027
8　深刻理解你的字,就是深刻理解你自己 031

第二章

进一步书写，探索各种负面情绪

1	这样写，你会克服恐惧	036
2	这样写，你会缓解焦虑	041
3	这样写，你会走出纠结	045
4	这样写，你会抓住一闪而过的念头	050
5	这样写，你会知道自己在关系里的位置	054
	学员书写练习：我是谁	058
6	这样写，你会清理各种杂念	063
7	大家一起写，你会抵御内心的孤独	067
8	这样写，你会更勇敢地面对自己	074
9	这样写，你会扫描人生的重要事件	079
	学员书写练习：我生命中的大事件	083

第三章

用书写察觉内心深处的需求

1	跳出自己、反观自己,写下来(1)	092
2	跳出自己、反观自己,写下来(2)	096
	学员书写练习:我这样看着我自己	100
3	写下你的梦,它会给你本真的指引(1)	103
4	写下你的梦,它会给你本真的指引(2)	109
	学员书写练习:我梦到爸妈离婚了	112
5	写下"我想要什么",然后不停追问(1)	115
6	写下"我想要什么",然后不停追问(2)	119
7	写下"我想要什么",然后不停追问(3)	123
8	写下"我想要什么",然后不停追问(4)	129
9	六个写作练习,让你与过去的自己和解(1)	132
10	六个写作练习,让你与过去的自己和解(2)	144

第四章

用书写哀悼失去，用书写解脱束缚

1	写下关系中相似的感受	150
2	给二十年前的父母写封信	154
	学员书写练习：给三十年后的自己的一封信	157
3	给逝去的亲人写封信	160
	学员书写练习：有些爱，一碰就流浪	168
4	写下你们一起去过的城市	171
	学员书写练习：终究，你的城市成了我的无关痛痒	174
5	引导你做一次冥想，并把它写下来	181
6	我的冥想书写：丁香树下的聆听	186
	学员书写练习：原来大家都在，我并不孤独	189
7	写下你的任何联想，别管是否羞耻	193
8	我写下了在一座荒山上的自由遐想	197
9	写下你身边日常，它们都是无价之宝	202
10	写下你崇拜之人，他就是你的镜子	206
11	快节奏时代，你更要慢下来写字、生活	212

第五章

坚持书写,珍惜当下、回归自由

1	写下熟悉城市中的陌生,会让你更丰盈	218
2	茫茫人海,让文字见证你们的遇见	222
	学员书写练习:相似的人,总会相遇	226
3	一切灵感都来自坚持	229
4	书写是你攻击性的升华	233
5	寂静止语,用书写呈现自己	237
6	三种适合书写的状态	241
7	书写、读书与万物的连接	246
8	尾声:结束,只是另一个开始	254

篇外

有些字需要被看见，正如有些人

我本人的那些年，那些诗	260

附录　学员书写作品　　　　　　　　　　267

四月	267
距离之外	268
感谢醉酒	270
凡人	272
我在乎	274
一个鲜为人知的故事	276

自序

几年前的某个午后，我像往常那样在咨询室给一位来访者进行心理咨询，她和我工作已有半年，消除了初步抑郁情绪，但我们都卡在了一个点——她遗忘了某些事。若不唤醒记忆，特别是关于早年某些创伤的记忆，我们就无法进入下一个阶段，无法看到她内心深处的动力。究竟是怎样的动力，让她在现实中频频受挫？于是我采用了自由联想——这是最早的一项疗愈技术，由精神分析鼻祖弗洛伊德提出。

安静的咨询室里，她躺在柔软的沙发上，慢慢闭上眼睛，开始天马行空地联想。无论脑海中浮现什么，她都要不假思索地说出来，而我坐在她身后，记录她所说的每句话。自由联想的重点不在于这种半催眠状态，而在于自由——诉说的内容不用经过思索，这和日常经验恰恰相反。因为经过思索的话语会变质，人类经过几百万年的进化，大脑高度发展的同时也限定了自由的想象。

那天下午进行的自由联想是我们进行的第三次自由联想。就在我不停地记录时，她突然坐起来，一把抢过我的本子和铅笔，坐在地板上开始书写。她书写的声音很大，我看到纸的许多地方被戳破了，她的右手握着铅笔游走在纸页上，根本停不下来。周围很安静，只有她书写的沙沙声和挂钟的滴答声，还有时不时翻本子的哗啦声。不一会儿，我听到了抽泣声，她脸色通红，额头上布满了密密麻麻的汗珠，一滴一滴的眼泪也开始夺眶而出，滴落在本子上，我悄悄走出了咨询室。大约过了二十分钟，我听不到翻本子的声音了，哭声更大了。又过了一会儿，她开门走了出来，把本子递给我，不好意思地笑了笑，脸上满是泪水，咨询结束了。

她走后，我翻开被泪水浸湿的那几页，看到了几乎挤成一团的"狂草"，没有标点、没有分段，甚至还有重叠、涂鸦、破损。我仔细辨认，读着读着，我看到了这半年里她从来没有提到过的事实，以及真实的感受。我被那些文字深深地打动了，哪怕展示的是屈辱的、羞耻的经历。于她而言，那些文字组成了世界上最美的文章，因为每个字都是用生命的力量书写的，直击人心。

之前我接触过"心灵书写"，但看到我自己的来访者用这样的形式表达还是第一次。我把这些珍贵的文字小心翼翼地保存好。我知道，这是最原始的情感。那之后，我和她又一起工作了半年，她写的字越来越多，有时整个咨询时段都在写，我会让她大声读出写下的故事，也会模拟她生命中的某个人，让她把故事讲给我听。半年后，她把这些字带走了，同时带走的还有轻松的心态。

我开始反思：究竟是什么疗愈了她？是我的专业、她的真诚，还是我们的关系？毫无疑问，这些都是，但还有一个决定性因素——书写。这不是一般意义上的书写，不是考场作文，不是结构性的论文，也不是总结情绪的日记。这是内心的呐喊，是自由飞翔的思绪，是没有任何加工的念头，是心灵深处潜意识的情感流淌！这就是心灵书写，也叫"疗愈书写"。它的名字是什么不重要，重要的是它像一把钥匙，打开了尘封的记忆之门，让人看到了门那边无尽的风景。那些风景无论是五彩斑斓的，还是灰色陈旧的，都是潜意识隐藏的真相。这些真相揭示了人们真实的需要、纯粹的情绪，以及被隐藏多年的内在小孩，那是人们最宝贵的财富，也是最为柔软的部分。

我阅读了大量相关书籍，并将这种方法用在我的沙龙小组、各类来访者及儿童身上，过程中的每次疗愈都给我带来了很多意外之喜，也让我对心灵书写更有信心。我把相关文字发表在我的公众号和其他平台后，得到了大量同行和读者的关注，同行们纷纷采用这样的方法，也有很多读者在实践后给我投稿。感动之余，我想把这种方法介绍给更多有需要的人，于是便有了这本书。在此，对提供书写作品的学员、投稿者表达最由衷的谢意，让我们继续在书写的心灵海洋中并肩畅游！

为了把这种比较实用的方法写清楚，我以第二人称"你"称呼读者，就像咨询室里我和来访者的互动。在写每一篇时，我都会认为你——这本书的读者，就坐在我面前，我会用心和你一点一点地分享，跟你讲述我自己的书写故事，讲述我的来访者的咨询经历。然后我会告诉你如何动笔，如何写进自己的心灵深处。

我从来都认为，如果把心灵书写等同于学生时代坐在教室里的书写，只会死板和无聊，你会被很多声音干扰，被条条框框束缚住，那就不是真正的心灵书写了，也无法体会从心灵深处流淌出来的感受，有的只是大脑的逻辑思维，而逻辑思维一直以来都是被整个文化和时代限定的。

所以，这本书可能不像其他书那么结构化和理论化，但会让你耳目一新。如果你随便翻开一篇并按照里面的方法进行书写，那你一定会体验到更深的感受。这才是本书的目的：让你透过书写体验感受，而不是学习知识。另外，我会在文中穿插一些学员的书写练习，让你更直观地看到别人是如何书写的。或许，你还可以在他们的故事中看见自己的影子。

　　来吧，拿起你最爱的笔，选一个厚实的本子，与我一同踏上心灵书写之路吧。

冰千里

2017 年深秋于青云寺

前言

四年前的那个秋天，风瑟瑟、雨潇潇，我陷入了弥漫的抑郁情绪。我的内在小孩被关进了幽暗潮湿的黑洞，四周只余雨水滴答声，再无其他声音，更无一人。"抑郁"最大的特点就是将生命力全部投向自身，无法外展。我必须找到一条路径，宣泄内在汹涌的情感，将其投给外部世界，否则我会愈发孤单。

本书始于四年前的秋天，止于三年前的夏日，可以说是一气呵成，其中包括诸多学员的生命故事，以及我的点评。在写前几篇的时候，就有光照进了幽暗潮湿的黑洞。待到柳树发芽、玉兰花开，我终于走出黑洞，彻底接受了光的洗礼，喜悦至极。我又一次用实践证明：流淌自内心的文字可以疗愈痛苦。这就是我希望本书带给你的最大收获。

所谓痛苦，一方面指抑郁、焦虑、恐惧的情绪，另一方面指糟糕的关系、过往的创伤。"写出来、读出来"能使人有所依靠，长期实践则可以使人自我修通。基于我的职业，本书不仅能帮你解决负面情绪，更能引领你"体验感受、体验自己"，而这正是心理咨询师做的事。其中所有文字都在模拟心理咨询的功能：宣泄、外化、倾听、细节澄清、反复面质、循环提问、共情、投射、自由联想、意象对话、不顾及他人评判、忠于内心、过往与现在的连接及和解……我甚至认为，心灵书写可部分替代心理咨询师的功能，但前提是：养成习惯。

近来，我试图再添些更能代表我当下思想的文字，譬如对死亡和自由的思考，但每次都不成功，仿佛那些字已完全融合，留不出任何空隙来加塞其他。也许它们在宣示主权吧，不允许哪怕有一丁点儿的修改或增减。正因如此，除这篇前言，本书原原本本保留了它四年前的个性：质朴率真、热烈豪放。它如同一个孩子，眼里容不得半点风尘，有的只是敢作敢当、无所羁绊。这不正是每个成年人本该有的品质吗？只是现实的沧桑让我们心生无奈，越来越怕事，谋而不决。所以，本书也能帮你找回那颗勇敢的心。

我曾无数次想过开设写作班，不只限于在心理咨询或沙龙小组中使用此方法。这么好的一种方法，我很早就在用，既安顿了自己，又推广了自己 —— 得到了越来越多的认可，那么，为何不让更多人学习呢？之所以迟迟没行动，是因为我在等，等内在更成熟，等风格更稳定，我不想拿半瓶醋四处炫耀。

如今，我想可以了。我有足够把握能让你通过心灵书写，过上你想要的生活 —— 无论是修通内在，还是让更多人看见。就从这本书开始吧！去精读、去领悟、去练习。倘若这些文字能激发你更大的兴趣、点燃你更多的灵感，那就来吧，我们一起畅游在文字的海洋，我会带你抵达梦想的彼岸。

第一章

不一样的书写,让你看见真实内心

1

什么是"心灵书写"？为什么要写？

爱好心理学、对于书写无从下笔、无处安放思绪、不想终日为名利所累、孤独、会问自己"人为什么活着"——如果你是其中一种或几种类型的混合，那么你便适合本书中"你"这个称呼。哦，对了，你还要满足两个条件：有一支写起来顺手的笔和一个看着舒服的本子。从现在开始，我将带你一路写下去，帮你把每个字都化成风，吹走心中所有阴霾，还你一颗宁静、朴实无华的心。我会让爱好书写的你打开灵感之门，让爱好心理学的你掌握一项疗愈技术。只要你会写字，按照我教授的方法实践，可能就会自我疗愈。

我把我的这套用书写探索内心的方法叫作心灵书写，你们也可以称它为疗愈书写。写到这儿，五个大字浮现在我脑海：为什么要写？而这也是我要告诉你的。

海明威说过，为什么并不重要，是什么才重要。"为什么"好像只

第一章 不一样的书写，让你看见真实内心

能留给哲学家和心理学家思考，巧的是，我就是一名心理咨询师，所以我没法不思考"为什么"。我告诉你的每句话都和心灵有关，我会告诉你书写的部分技巧，但我真正想做的，是让你的文字通往疗愈，让你的文字滋养你。

上周咨询中，一位来访者朋友触动了我，让我更加深入地思考"为什么"。他给我推荐了一本书，尽管隔着屏幕，我依然感受得到这位朋友的兴奋。他对"为什么"产生了兴趣，我深知，只要对"为什么"产生了兴趣，他就已经站在了心灵的广袤原野上。

到这儿，我们先停一停，深呼吸一分钟，然后随便找一张纸，拿起笔，写下六个字：我为什么要写？不要深思熟虑，不要编辑加工，把你能想到的答案统统写下来，不会写的汉字用拼音代替，不会写拼音，那就随便画个圆圈吧，你只管写下来就是。比如：我书写是因为无聊，我书写是为了打发时间。嗯，就像这样写。以"我书写是因为（为了）……"开头，然后继续写下去。

就像这样：我书写是因为语文老师不认可我，我书写是为了赚钱，我书写是为了让更多人认识我，我书写是为了发表，我书写是为了好多话不可以和别人说，我书写是为了让伴侣更加爱我，我书写是为了表达爱，我书写是为了一个暗恋的女孩，我书写是为了让自己不那么寂寞，我书写是为了好玩，我书写是为了写出爆文，我书写是为了让别人认可我，我书写是为了……

你应该写满一张纸了吧，或者你只是呆呆地看着笔尖，脑子一片空白，又或者你写了几个理由，但发现那并不是你想要的，然后画掉了，但没关系，重要的是你写下来了。那位拿着笔发呆的同学，赶紧写下这句话："我书写不知道是为了什么"，或者"去他的，我根本就讨厌书写"。这样也没问题，重要的是你写下来了，重要的是你脑海中闪过了

003

许多念头,重要的是你在问自己"为什么"。这会直接通往你的潜意识,让你欲罢不能。

再来审视你的答案吧,无论答案是什么,它都在让你对自己负责,让你手头的事变得有意义,让你忠于自己的心。把它大声读出来吧,是的,就是现在,拿起你的纸,勇敢站起来。什么,孩子在旁边写作业?伴侣已经睡着了?管他呢,你只管大声读出来,现在就只有你和你的字,世间万物都是你的听众。

有些人已经这么做了,吵醒了梦中的伴侣,孩子向你投来异样的眼光,父母或室友嘟囔了一声:"你有病吧!"而你呢?现在你有什么感觉?其实,你有了细微的变化,无论你是惊讶还是尴尬,无论你笑出了声,还是骂自己神经病。或者你并没有按我说的做,但已经在心中读了好几遍,尽管是这样,我的朋友,你也不一样了,就在刚才,那一刻你是你自己。从前阻挡你的并不是笔和键盘,而是你的心。跟着我,我会带你到想去的地方,那里有你的灵魂与自由。

我为什么书写呢?这要从我母亲一把火烧掉了我所有的小人书说起。小人书也叫连环画,巴掌大小,封面是不鲜明的彩色,里面都是黑白线条,像那个年代的黑白电视机。每一页的五分之四是图画,一般都用黑色的边框起来,剩下的五分之一就是字,字的主要作用是描述上面的画。这样的一本小册子薄薄的,却很温暖。恐怕现在有些小人书你只有去古玩市场和旧货书店才可以见到,而多年前,我足足有五百本:《水浒传》《三国演义》《西游记》《红楼梦》《呼家将》《封神演义》《杨家将》《夜幕下的哈尔滨》《八仙过海》《劈山救母》《小将杨排风》……它们是我的一切,我一头扎进其中,就像现在的孩子痴迷网游,那时我没去诊断,否则我绝对是"小人书成瘾"。

然而在某天傍晚,我飞跑回家,看见了一片火海,所有的小人书在火舌里挣扎，现在我已忘记自己是怎样扑上去的，只记得手疼到钻心，母亲强势地抱住我。那一刻，我愿意用生命交换一场雨的降临。我觉得那该死的火苗似乎足足烧了半个世纪，我的心就像小人书烧尽的死灰，世界没了颜色，而那时，我八岁。

孩子的世界一切皆有可能，三四天后的清晨，我在泪湿的枕头上醒来，脑海中突然出现了小将岳云骑一匹枣红色战马，挥舞着擂鼓瓮金锤，呐喊着冲向金兀术大营的画面。我光着身子腾地坐了起来，拿出纸笔，把刚才的画面画了下来，即使是惨不忍睹地丑。多年以后，我仍然如当时一样分不清那是梦还是醒来后的意象。

之后的几天，我在作业本反面歪歪扭扭地写着、画着我最爱的《岳飞传》：一匹匹战马、一场场厮杀、银光闪闪的铠甲、呼啦直响的战旗……我知道，它们活了，它们从几天前的灰烬中冲出来，变成了文字和画，爬满了我所有的作业本，浴火重生！

我的心活了过来，甚至比原来更加自由，对母亲的恨也随着一笔一画而消散殆尽，当时年仅八岁的我并不知道，是书写疗愈了我心中的怨恨。以后，无论是在我青春年少时，还是在我为梦想打拼的辛酸岁月中，又或是在我从事助人的心理咨询工作的时光里，甚至是现在坐在阳光下的榆木书桌前，书写一直都在。

这就是我书写的理由，它不止一次疗愈了我，我感恩于它，它是我的朋友、我的血液，它就是我。

我写过太多的诗歌与日记、太多的创伤与疗愈，也出版过一些作品，但我最爱的还是书写这件事本身。对我来说，写下的每个字都是有生命、有灵魂的。读完这本书，你也许会和我一样，产生一种感受：当你把一些字写在白色的纸上或敲打在电脑屏幕上的那一刻，它们仿佛会跳舞、歌唱，就像你的心脏在跳动，这让你无比快乐。

2

砸碎写作的条条框框，才能获得更多掌控

现在我要告诉你心灵书写的一个秘诀：丢掉规则，让文字失去控制。

可能你从来没想过突破规则——从你喜欢的零食、玩具被妈妈夺下开始，更小的时候，你甚至都不能决定自己的排便时间。喜欢的课外书被无情没收；喜欢的红皮鞋从来没人买给你；最爱的人只不过比你们家穷一点，就被生生拆散。这些规则像是心灵的桎梏，把你捆绑得透不过气。

而现在，拿起笔写下字的那一刻，你在做自己，你是自己的主人，你是自我世界的王。

做到这一点并不容易，因为你要砸碎几十年的心灵条框，你要暂时放下这个让人爱恨交织的现实世界。现实难以做到这一点，你可以用文字实现。拿起笔，突破你以往的思维，重新审视人生，天马行空，跳出

第一章　不一样的书写，让你看见真实内心

地球，飞到本该属于你的地方——那是英雄的故土，是你的家园。

从哪儿开始呢？你可以这样做：拿出一张纸，撕成两半，在其中一半纸上写下些名词。不知道写什么？那就抬眼看看你身边有什么，然后写下来：茶杯、书、手机、椅子、台灯、床、天花板……

然后在另一半纸上写下你能想到的动词。不会写？想一下运动会比赛项目，也许你已经在写了：跳、跑、打、扔、举、跨、射、游……

接下来随意组合这些名词和动词，别让它们傻傻待着，给它们新的生命吧：茶杯跳、椅子射、手机飞、天花板游……

看，就这么简单。这些字仿佛因为不一样的组合有了新生命。别去想天花板为什么会游，那是天花板的事，你要做的是给这些字力量。

试试编几个句子吧，你可能并不想这么做，因为它们看起来并不合情理，可我建议你这么做，因为你刚才的想法才是不合情理的。觉得这样做不合情理的想法就像你的朋友在搞恶作剧，要从你嘴边夺走泡泡糖，快点吧，要不然就没法吹泡泡啦。

不用刻意地想，随便写下来：茶杯跳着跑向远方，手机飞到了天空，天花板游泳的样子好丑……看，我猜你并不讨厌这种尝试，或许你本该是个诗人，自己的诗人，即便没有听众，但管那么多干吗。

然后写几个很大很大的词和几个很小很小的词。你问我什么是大、什么是小？你看，宇宙和苍蝇，一比较就看出这两个词的差距了吧。继续：太阳、鸽子、银河、月亮、手指头、海洋、鱼儿、天涯海角、一串珠子……

再写下几个代表情绪的词：愤怒、讨厌、内疚、开心、生气、悲凉、害怕……嗯，够了，差不多了，把上面的这些词打乱、组合，你可以写诗了：

茶杯跳着跑向远方，那里有太阳和鸽子，但它并不生气。

银河飞进手机里面，这是它的悲凉，就像一串串珠子。

手指头和月亮跨过了愤怒，看见天花板在游泳，它的样子好丑。

天涯海角有鱼儿吗？海洋里的台灯认真地问。

床讨厌书本，那会让它跳起来。

宇宙是什么？它只不过被一只苍蝇笑着举了起来。

…………

之所以让你练习文字的自由组合、大小的极致反差，是为了帮你增强内心的掌控感。人90%的烦恼是因为不能掌控自己。当你通过写字感受到对旧有条框的突破，感受到宇宙和苍蝇只不过是一样的存在，你就会增加对自己和环境的控制感。

我猜你就是诗人，"诗人"只不过是个名称，你可以称自己为诗人，也可以叫自己厨师、蜻蜓、花园……名称被人赋予了意义，它不是固定不变的。那么，你是谁呢？

让你的字横冲直撞吧，让宾语变主语，去掉规矩。举个例子：我写字。你看人有多么自恋，主语干吗非要对宾语做些什么呢，干吗非要让它那么被动，还要给它一个谓语呢？马上修改看看：字写我。是不是觉得不太舒服？得了吧，"字"才不管那么多呢，你把"我"看得太重了，不是吗？"我字写"，看看，万物是平等的，"我"和"字"都是一样的，我们在做同一件事情。

你还没意识到：你拥有世界时，也正在被世界拥有；你在吃米饭时，米饭也在占有着你。这种感觉也许你还不熟悉，因为你有太多规则和限定。这会让你无从下笔，不知道要写什么，因为你所有的字和你的心一样，都在讨好：讨好不变的自己，讨好那些让你保持不变的规则。讨好或许让你的心觉得安全，但会给你制造冲突，让你的心变得干涸。所以不如试着突破吧，你越觉得奇怪，就越自由。

第一章　不一样的书写，让你看见真实内心

听我的，随便写几句话，然后读出来：旁边的狗并不懂我是只猫，它只会咳嗽，以为吃了几颗星星病就会好起来。没人笑你疯癫，他们都是你的听众。继续读：我写下这个字，觉得疯了的不是我，是含羞草。茶杯里居然起了风，吹起一片皱巴巴的绿叶，遮住了太阳的眼，让它迷了路。这该死的抑郁症，终于被蛇咬了一口，流出恶心的绿色，我根本没考虑，便张开了嘴……

在字的海洋中，不需要语法和修辞，不需要推理和逻辑，一切由你说了算。你的字由你说了算，你的人也可以这样。要不然呢？你真的愿意回到别人给你设定的人生线路，努力活成别人想要你成为的样子？

我有位来访者，她在现实生活中背着沉重的包袱，被赋予了很多责任，就像家庭中的妈妈——她要照顾自己多病的妹妹和年迈的奶奶，不可随意选择自己的生活方式。于是，她生命中的另一种声音被压住了，那就是"做自己"。她不知道自己还能撑多久，她很痛苦。我让她把自己内心的真实想法写下来，不要停，写到手酸痛为止。不管是什么，只管写下来，每次咨询后写半个小时。

文字引爆了她内心压抑的火山，释放了她内心深深的委屈。几个月后，她笑了，我第一次见她笑，问她为什么，她给我读了她写的一句话："我就是妈妈，我没有妈妈，我是天下的妈妈，我让人们全部放假回家切菜。"当一个人一次次释放、接纳被自己压抑着的情感，便学会了换一种轻松的视角来看待现实，会更爱惜自己。当内心的规则被突破，内心的枷锁被打碎，你会发现，它们都是纸老虎。

我一直认为，心理咨询要读懂人性，而书写要读懂天地万物。说到"天地万物"，是不是有点太"高大上"了？不是的，因为万物本就在你心中，你本该看见它们，就像它们看见你。人不是万物的主人，万物也不是人的主人，我们是平等的，是同在的。当你写宇宙或是写苍蝇时，

它们就会在这里，同时，它们也通过你的笔抵达你的内心。

　　请记住：你越控制，就越会被控制；你的思维条框越少，字就越灵动；字有多灵动，你就有多自由。而要做到这些，简单得不能再简单了，只需要一支笔、一张纸。

3

写得越具体,就越容易看见内在情绪

你天马行空、乾坤挪移、思维奔逸、打破规则,你的字从你的心飞出去,遨游了宇宙,但它们最终还是要回来的——回来告诉你看到的一切,这才是心灵的本质,也是书写的本质。这一篇我要告诉你的是:具体、具体、具体,把你嘴角那粒米饭描述出来。心灵书写注重细节。

还记得我们学过的课文——萧红的《火烧云》吗?文中写道:一会儿,天空出现一匹马,马头向南,马尾向西。马是跪着的,像等人骑上它的背,它才站起来似的。过了两三秒钟,那匹马大起来了,腿伸开了,脖子也长了,尾巴却不见了。看的人正在寻找马尾巴,那匹马变模糊了。【《语文》(三年级下册),人民教育出版社,2018年】

再看看朱自清的《背影》:我看见他戴着黑布小帽,穿着黑布大马褂,深青布棉袍,蹒跚地走到铁道边,慢慢探身下去,尚不大难。可是他穿过铁道,要爬上那边月台,就不容易了。他用两手攀着上面,两脚再向上缩；他肥胖的身子向左微倾，显出努力的样子。这时我看见他的背影，我的泪很快地流下来了。

所以，不要告诉我"花瓶里那些花很漂亮"，你要这样说：花瓶是白色的瓷，摸起来有些粗糙，半圆形的瓶口微微前倾，上面游着三条金鱼，不像刻上去的，其中那条黑色的金鱼眼睛鼓鼓的，盯着我看。花瓶里插着三枝百合、九朵玫瑰，一簇满天星撒在它们周边，最远处还有一朵蓝色勿忘我。

你不需要说它漂亮，你只需要告诉别人它原本的样子，至于漂亮与否，别人会感受。这样写出来是不是好很多？因为你告诉了人们这里有个小小的世界，而你正对这个世界负责任。

万物就是万物，生命就是生命，你就是你，它们就是它们。还它们一个真相，是作家的责任。当然，你也许不是作家，但没人能阻止你热爱文字与书写。

我很饿，拎起包，冲到楼下，差点撞到一辆自行车，骑车的女孩穿着深棕色校服，斜背着书包，急忙刹了车，单脚撑着地，眉毛上扬，嘟囔道："这人怎么……"下半句话被疾驰而过的奥迪车切断。我说："对不起啊，对不起。"女孩不言语了，蹬上车，从我左侧穿过，响起一串丁零零的车铃声。抬头不远处就有一家小超市，挂着黄底红字的招牌——渭源商店，我猜那里一定有手撕面包。

这是我去买面包的事儿，不是记流水账，是在告诉你，我和自行车、女孩、书包、奥迪车、铃声、面包、商店招牌在一起，是它们让我的存在有了意义，我有什么理由不告诉你呢。我并没有说我很着急、很冒失，也没说女孩很生气，对吗，我只需要把事情直白地告诉你，别

第一章　不一样的书写，让你看见真实内心

嫌麻烦，害怕麻烦你就会越来越麻烦。对了，不要说"一辆车"，要说"一辆奥迪车"；不要说"那只鸟"，要说"那是只画眉鸟"；不要说"这条鱼"，要说"这条银龙鱼"；当你知道一个人的名字就不要再说"那个男人"或"他"，要说"冰千里"。这也适用于日常书写。若是心灵书写，就不要管那么多，哪怕你不叫我名字，叫我"这条孤独的狗"也没关系。

你不知道写什么细节，是因为你远离真实事物太久了，其实，它就在你身边，就在你躺着的沙发上，就在你走了十几年的水泥马路上。看看你眼前都有什么，告诉我吧，像这样：我拿着手机，躺在床上，左腿蜷曲，右腿搭在白色枕头上，脚趾头能碰到那个褐色毛毛熊，它是去年冬天妈妈去北京给我买的。碎白花的窗帘拉得很严，下面是用梧桐木做的床头柜，上面有波浪形的纹理，我不喜欢这种纹理，它让我想起前天死去的一条红色锦鲤。台灯坏了，耷拉着脑袋，一阵风吹进来，脚有些凉。

你这样写，会让我觉得我就站在你的床边，看着你，并且觉得你有点忧伤。虽然你没告诉我你有些忧伤，但我就这么觉得，你认为呢？

许多情绪不一定非要赤裸裸地说出来，只需说出你的状态就好了，也就是要说出细节。我再举个例子：男孩扑向妈妈，两只手绕着她的脖子不松开，他闻了闻妈妈围巾的肥皂香，小嘴狠狠亲了她一口。我并没告诉你小男孩的那种兴奋、期待、开心的心情，但你会感受到的。你也知道，这是爱，我不需要说"男孩太想念妈妈了，他见到妈妈太开心了"之类的。

有时，只需要给你身边的事物赋予一点情感，它便成为你的一部分，会告诉人们，你经历了什么。如果你没勇气描述很多东西，那描述一件事物就好，比如你的手机：告诉我它的颜色、品牌、价格、尺寸、

音质、像素、手机壳的图案、你在看的内容和手机铃声。再稍微联想一下，许多细节便会浮出水面，同时，你知道那里一定有故事：你从哪儿买的，谁和你一起买的，那天发生了什么，你怎么去的，路上碰见了谁，手机店老板是个怎样的人，你拿到手机后怎么下载的软件，下载了哪些软件，那些软件对你来说重要吗，为什么？

你会发现，很多情绪从细节中一点点流露，不需要你大声喊叫"我很开心""我很愤怒""我十分内疚""我讨厌蛇""你让我感到恶心"。

若想练习，你可以从自己爱吃的食物开始，如果没有爱吃的就从讨厌的开始，把你最爱的杏仁酥或葡萄干描述出来吧：形状、颜色、大小、产地、你的味蕾感受、牙齿切断食物咀嚼的感觉、咽下去的心情。

若细节有鲜明对比，会给人更深刻的印象。比如：透明盒子里装着六颗草莓，里面居然趴着一只死苍蝇；这些人全部西装革履，昂首挺胸，完全没看到那只满身泥巴的流浪狗；深夜，大山后面的这家人睡了，突然传来一声枪响。

我只和你说细节有多么重要，这是心灵书写的基础。你能让心灵遨游太空，也得听见笔在纸上的沙沙声。这和心理分析很像。来访者的每个经历必须被细化，细化到每句话、说完后的感受，以及现在谈这件事时的眼泪和姿态。这会让你知道这件事在他生命中留下了多少痕迹，这样的痕迹又会以不同的形式出现在以后的哪个时刻，而每一次的体验又有什么微妙的不同。

有时候，一个眼神、一次抬手、一个关门的动作、一声不明显的叹息都会给你提供了解这个人的机会，除非你是真的不在乎他。

细节所到之处，都会显现人内心的微妙情感，这些情感才是真正拨动你心弦的，才是具有疗愈意义的。心灵书写之所以有疗愈作用，就是因为没有让你放过任何细节，哪怕你觉得这个细节毫无意义。

第一章　不一样的书写，让你看见真实内心

　　从你身边走过的陌生人没有任何特征，你还是要写下来，就写"一个让人记不住的人"，或"我讨厌这个人的眼睛"，或"他走路的样子十分奇怪，我也说不上怎么奇怪"等等。

　　英国有个著名的民谣：失了一颗铁钉，掉了一只马掌；掉了一只马掌，折了一匹战马；折了一匹战马，损了一位国王；损了一位国王，输了一场战争；输了一场战争，亡了一个帝国。

　　不要因为失了一颗铁钉而亡了一个国。

4

写字不是迎合他人，而是尊重自己

我在娜塔莉的《写出我心》中看到两个故事：其一，美国的一个城镇突遭恐怖袭击，当恐怖分子拿枪对准人群时，作者的一个朋友高举双手，大声喊道："别杀我！我是个作家！"；其二，一辆拥挤的长途公共汽车上，一个人突然站起来，掏出枪，乘客纷纷蹲下，这时，他从包里拿出一个笔记本，带着哭声喊道："别怕，我只是想让你们听听我最近写的几首诗。"你凭什么认为你是作家，他就不会杀死你？你凭什么威胁别人听你读你写的诗？我想告诉你：不要用书写来索爱。

求学年代，我深感困惑：我写了那么多字，居然只能自己看，写满了诗的本子只能躺在我锁着的抽屉里，这不公平。于是我开始投稿，开始应聘编辑，当时发表了不少，赚了点稿费，很多文章还随着广播回荡在校园上空，而我喝着啤酒，在凉台的某个角落，得意地听着每个字。我为什么得意？因为我在索要关注，我要让别人看见我，我就像那个一手拿枪、一手拿本子的作家。而当我这样想的时候,文字也就变了味道,它迎合了太多的商业和世俗要求,我知道,它离我的心,越来越远了。

前阵子,大学广播站的同学聚会,我又找出了曾经的文字,最让我感动的并不是发表的诗歌与散文,而是几十本沉甸甸的日记,以及没有寄出去的半兜信。我一口气吹散了上面的灰尘,打开了尘封的记忆,每个字都像我多年未见的老朋友,热情地拥抱我。那一刻,我突然读懂了席慕蓉:"含着泪,我一读再读,却不得不承认,青春是一本太仓促的书。"

说到这儿,我才发现,我又重新拾回了那些闪光的字,它们是那么可爱、那么朴实,就像我旁边的纸杯,安静地待在我身边。而我,并不需要用它们来索取关注。

可能你有太多情愫,然后把它们注入一项工作、行动里,到最后才发现,它们只不过是一种手段,目的是索取爱。我在心理咨询工作中遇到了很多无助的人,他们在现实中生动无比,甚至取得了显著的成就,但一个简单的要求却终不能被满足,也许只是妈妈的一个拥抱,渴望落空,久久无法释怀,最后只能将这种渴望化为繁忙或是强迫。

心灵书写也是一样,因此我建议你审视内心,问问自己:我的书写目标是被爱吗?

我认识许多人,他们写东西只为上头条,这样就会有更多的人看见他们。他们右手叉腰,左手拿着自己的文字,振臂高呼:"你们看啊,我就在这儿。你们快点给我点赞,否则我就'开枪'了!"此时,他们已经变成了绑匪,捆绑的是心灵,绳索就是自己的文字。他们在用文字束缚自己的心灵,越是高呼,绳索就越紧,自己就越被勒得喘不上气。这时他们往往失望,垂头丧气:"我不能再写了,都没有人看。"他们在过度透支和输出自己。

当文字变成一种炫耀和展示，它们就没了灵魂，就会变成一块块石头，堆砌起来，堵住自己的声音。

和几位文友聊起来，他们也有这种感受，写一篇文章很"消耗"，在写的时候始终要考虑：我的文字有人喜欢吗？它能被编辑看中吗？这是当下的热点吗？它符合多数人的阅读习惯吗？它能被转发吗？……这些念头让文字失去了灵魂，变成了迎合。迎合的意思就是：来吧，要我吧，你看，为了你我已经改变了好多。迎合带有乞求的味道，背后是强烈的、带有牺牲意味的控制：放弃自己真心爱的东西，只为了符合标准，然后控制他人，让他人感到正在被要挟。

有位朋友给我留言，让我将他的文字发表在我的公众号上，我说暂时不需要，他说："你看，你需要什么，我就会写什么。"停顿片刻，我答道："你写什么都行，不要管我需不需要。"作为心理咨询师，我知道，这话会给这位朋友送去包容，具有疗愈作用。而同为书写爱好者，我知道一件事：文字就像自己的心跳，不需要为了别人而改变。

不要为了迎合别人而改变，更不要为了向别人索取爱与怜悯而写，只要写出你最想说的话就好。哪怕没人看，也不亏，因为最受益的读者就是你自己，你在款待自己。

有位朋友喜欢烹饪，她会把做菜的步骤写在日记里，并配上一小段文字，通常是几行，比如：这次的口味很好，孩子喜欢吃，配色也很好，因为今天的黄瓜是妈妈从院子里摘的。我觉得她是天下最优秀的作家，每个字都不浮夸，很温暖，每句话也不做作，充满柔情。

你不需要过于注重修辞手法，只要相信自己的第一感受，写下来，追随己心，任何的修改都有索爱的嫌疑。

当下太多的书写课在教你迎合读者、追所谓的热点，而我教你如何尊重自己、款待自己，要知道自己所要的东西就在你心里，不在别人的评价里。当然，这很难，自媒体的发展让很多人不由自主地炫耀，无论是秀美食还是秀旅行，无论是秀恩爱还是秀孩子，每张照片、每个字都在炫耀。

记住：所有的炫耀都是乞讨。

5

写日记是思考，心灵书写是觉知

　　大概从小学三年级起，我就开始不间断地写日记，从笔记本到电脑、QQ空间、朋友圈、订阅号，再到各类平台。我曾经给出许多理由，来说明自己为何能坚持写日记，现在总结成一句话，就是我愿意思考。

　　每个人都会思考，你可能在脑海中思考，在谈话中思考，在看书时思考，在回忆中思考，在梦中思考，而我习惯用笔和键盘思考。这没什么区别，只是表达方式不同。对我来说，不写下来好像没思考过。

　　每次打开日记，我会有两种感受：第一种是让我不至于"失忆"——很多往事、走散的人好像又回来了，他们并没走远，就坐在我对面，边喝茶边聊天；第二种是像在读别人的故事——即使日记中写了很多感受性的句子，但我常常想不起那时那刻是一种什么体验，有时也会觉得自己可笑、幼稚，怎么会那么想呢？这是一种对于思考的再思考，不可避免地添加了如今的认知和思维模式。我想，日记的作用或许就是这

第一章 不一样的书写，让你看见真实内心

样，像是回忆录，只剩下事件、人物，以及不成熟的想法。

心灵书写和日记最大的不同是：日记本身就是思考，而心灵书写则强调不思考。换句话说，用的工具不同，一个用大脑，一个用心。

这样的区别显而易见，现实生活中你一直在用。比如讲道理，你一定给孩子讲过，就像你父母一定给你讲过一样。在你认为孩子做错事时，比如孩子吃了垃圾食品，你会严厉制止，并用讲道理的方式解释自己制止的原因，比如会生病啊，不卫生啊。伴侣回家晚、不管孩子、不洗澡、乱扔东西，你会说什么？你会用自己的逻辑、思维方式加工整合，然后形成自己的观点，用语言表达出来。当然，语言有时是唠叨，有时是谩骂，有时是指责，你的目的是让对方接受你的观点。结果，对方往往不会接受你的观点，甚至反抗、争执、躲开、假装听，不久就故态复萌，并不受影响。

很多讲座和书籍也在做同样的事情，无论观点多么鲜明，语言多么清晰，思维多么缜密，技巧多么实用，效果往往并不持久。好一点的可以提供不同的视角，让你换一个角度看问题，但没过多久，你该怎么生活还是怎么生活，你并没有脱离以往的轨迹。

甚至心理咨询师也会犯这样的错误，给来访者许多建议，或给来访者太多解释，咨询变成了讲课，变成了讨论和讲道理，即使是围绕着来访者的困惑，也是在认知层面进行加工。这是很多新手咨询师常犯的错误，我也犯过。道理本没错，也能激发来访者思考，会让来访者进行因果联系，诸如"因为我被抛弃过，所以我害怕关系得走近"，但这种思考不会引发改变，至少不会引发人格层面的改变，就像你知道吸烟有害却依然戒不掉。

引发改变的是领悟，这是心的范畴，不是大脑的范畴。领悟需要体验，需要置身其中，需要真实的关系，需要情绪的交融。咨询双方需要

真的发生某种特殊关系，在关系里进行情绪碰撞，针对对方，或悲伤或愤怒，而对方也有真实的回应，这种回应既要追随内心，又要看到内心的特殊性，如此，心理咨询才有效果。

我并没忘记本篇的主题，我只是向你说明事物之间的必然性，一通百通，书写要追随内心的真实，而不是大脑的思考。讲道理是思考，解释是思考，日记是思考；心理咨询是体验，心灵书写是体验。这就是为什么在心灵书写中，我让你不控制、不停笔、不评判，我要让你来不及思考，让你随着你的字走到心灵深处。

我在书写时往往使用白纸，白纸上没有限制的横格，然后定好时间，比如写十分钟，写半小时，或定好页数，一页、十页，写满为止，如果你刚开始写，建议写五分钟或一页。

你只管写下去，我不止一次提过不用去管标点符号、逻辑、结构、观赏性，也不要去管不会写的字、字漂不漂亮、字体大小等，你只需要做一件事，就是不停地写。思想停顿了手也不要停，你可以重复写"我不知道我不知道我不知道"，或者"你你你你你"，或者"可笑可笑可笑可笑"，或者"点点点点"，或者"…………;;;;;;;----\\\"，都行，直到你能写下其他的字。事实上写不下去的时候并不多，取消了所有控制，你的字会像一匹脱缰的野马，在无边的草原上奔驰、撒野、横冲直撞。

你会在文字中找到你想要的所有答案，所有的字都带你去往同一个地点，请相信我，那里一定有你最恐惧的念头和最羞耻的感受，也会有你最深的情愫和最真的爱。

当你写了一张又一张，写了一本又一本，你会发现，你的字变了，即使在没有控制的情况下，也变得包容了、慈悲了。我想让你知道：此时是你的心变了。而你会找到方法，不再苛责孩子，会在他犯错时抱住他，不再给伴侣讲道理，会对他多些体谅，他们也会因此更加爱你。

第一章 不一样的书写，让你看见真实内心

6

心若没了方向，在所有写作地点都是流浪

书房是原木搭建的，古色古香，被常春藤围成了绿色，点缀着许多红的、粉的蔷薇。两扇落地窗敞开着，海风吹来，将榆木书桌上的诗集翻得沙沙作响。海鸥在窗外徘徊，海浪层层涌来，翻涌的声音像远处松涛的和声。我就这样凭窗而坐，左手端起一杯绿茶，右手拿着笔，准备写下这一篇的第一个字。

嗯，有些微醺，真想沉浸其中，不再醒来，这是我写下这篇标题后的想象。我把脑海中的想象敲在了键盘上，我笑了，真的很开心，这样面朝大海的书房，我会拥有吗？好，回来吧，你，还有我。看看眼前凌乱的办公桌，旁边传来一阵嘈杂，还有厨房的油烟味，啪，我不知道碰到了什么，但我知道，刚才的白日梦肯定是碎了。

这一篇我想和你讨论的话题是：书写的地点。

我曾在无数个地方写过字：广场、书店、图书馆、肯德基、咖啡

店、草地、公园躺椅、候机楼、火车上、汽车上、山顶、寺庙等等。我也在海边写过字，在沙滩上撑起太阳伞，塑料圆桌上摆满零食、啤酒，我拿着笔，找不到放本子的地方，只好将它放在跷起的二郎腿上。所以呀，你不要挑剔，只要喜欢写，地点就不是问题。至少我对自己现在的书写地点很满意，忍不住向你描述：我的书房并不大，约十二平方米，有一张书桌、三把椅子和一个书柜，都是榆木的。嗯，我喜欢木制家具，有种大自然的味道。书桌左上角摆着一个小鱼缸，里面游着十条凤尾鱼，书桌上还有我最爱的书伴——海象先生，它看书的样子和我很像。墙上挂着两幅画，画框也是木制的，一幅是鹿，鹿角挂满藤蔓，一幅是菩提树下的僧人，天边飞着两只大雁。满屋子都是阳光和书，绿萝爬满了书柜，是它们让书房有了生命。还有一点，书房的窗户很大，视野开阔，站在十七楼可以俯视三个校园，能看见操场上奔跑的小运动员，仿佛还能听见汗珠摔在跑道上的声音，孩子们朗朗的晨读声总会被风吹进来，多了几分童趣。书写、咨询，我一天的大部分时间是在这间书房度过。

我想，你或许想来我这间书房，来吧，相似的人总会遇见，我和绿茶都会在这儿等你。我猜你来并不是看书房，而是看我，因为人比事重要，就像比书写地点更重要的，是一颗热爱书写的心。

提到书房，你会本能地想到安静、阳光、书柜，觉得那才适合书写，我并不否认，但我更想说，书写的环境是随心而动的。你所处的城市、你的家庭、你的办公室、你的朋友都在潜移默化地影响着你的心，你需要做的不是寻一处世外桃源，而是在闹市中找到属于你的一方天地。

我谈书写一定离不开心理，就像我呼吸离不开空气。你的苦恼和困惑，特别是在关系中的，多数是由于没有为自己找到位置，你分不清我们、他、我,分不清孩子、父母、伴侣、同事、我。长久以来的互动模式让你模糊了边界,总在用他人的标准要求自己,或是用自己的标准要求他人,总以为自己的行为会伤害他人,或是被人伤害,总觉得没有你,孩子会失控……其实,你错了。

成熟的标志之一就是具有独立的人格,能区分自己的需求和他人的需求。你也知道没有人可以永远地全然满足,你要明白他人的哪些问题与你有关,哪些问题与你无关。边界感不清,会让你的心陷入纠缠:自由做自己,会担心伤害到亲人,担心背叛与分离,于是内疚自责;不做自己,感到压抑与委屈,活成别人希望的样子实属无奈,却又不得不如此,从此陷入焦虑的汪洋。

其实,你需要做的并不多,只是从"我们"中找到"我"的存在。这是心灵的位置,你确定自己是谁,又是谁的谁,哪些事需要依赖另一个人,哪些事需要果断地拒绝。这简直像极了我要告诉你的书写地点的问题:你能面朝大海写诗,也要能在厨房写故事;你能在书店读书,也要能在火车站看报。在闹市中寻得宁静,才是心真正找到了归宿。

我有位来访者,总嫌家中混乱,丈夫、孩子乱成一锅粥,她难以忍受,于是只身一人去往美丽的三亚度假散心,她去那里并不仅仅因为有天涯海角,更是因为有她向往的宁静。半个月后她回来了,找到我,愤怒地说:"世界上根本不存在安静!"我什么也没说。你懂的,就算她遁入空门也于事无补,因为纷乱的是她的心,而非环境。

真正的宁静源自心灵的自由,而自由源自责任,并非逃避。可惜太多人无法参透这个道理,在追寻的路上迷失了自我。

你可能会像我一样,有间自己的书房,有个不被打扰的空间,装修成自己喜欢的模样,不需要"高大上",要的只是这样的感觉:坐下来踏实、安稳。不过,不管你有没有常驻的书写场所,我都建议你变换着地点写。听我的没错，变换地点不仅会拓宽视野，激发书写灵感，还能让你走进不一样的心灵原野。可以想象，你蹲在马桶上书写和在花店里书写的感受一定不同。你要敢于尝试不同的书写环境，让周围的事物进入你的内心，并影响你。然后你反观内心，把它们向你传达的信息写在纸上或敲打在键盘上。

别不敢去做，世间事就怕行动。行动就是要走向那里，用笔说出来，说出那里的一切，写下它们带给你的感受。手不要发抖，因为你在做一件伟大的事：于茫茫人海中，找回自己。

最后，不要被地点牵绊。

7

一口气写完,让情绪、情感集中释放

　　这世界诱惑太多,不经意就会迷失,甚至你都不知道为什么,便渐渐丢了自己。"不忘初心"之所以被广为推崇,是因为做到的人少之又少。

　　一位成功男士因心脏病突发去世,他的妻子一边痛哭一边诉说:"都怪我呀,是我对他要求太多了。"当初,她之所以嫁给他,是因为有面子:在自行车还很稀缺的年代,丈夫就骑着摩托带她兜风,风在耳畔呼啸,长发在风中飘扬,心情也像是飞了起来,那样快乐的日子持续了很久。结婚之后的这些年,她越来越不满足,催促丈夫不停地赚钱。外在的奢华强烈吸引着他们,于是他们从捷达到宝马,从高层到别墅,从小生意到产业集团,风光无限。而在对物质的追逐中,丧失的不仅仅是彼此的亲密,还有丈夫被透支的健康,终于有一天,丈夫猝死在股东会议上。"我很怀念那辆摩托车。"最后,妻子望着远方,幽幽地说。

我不想分析他们的潜意识，但有一点是无疑的：欲望的火葬送了他们的亲密，也葬送了丈夫的性命，欲望无孔不入。

有所不为，才有所为，你不能什么都想要。"弱水三千只取一瓢"，这个道理很朴素，却少有人做到。这位妻子没有珍惜丈夫，没有好好爱，而是把焦点转向了外界，如今物是人非、无法回头。所以在你有机会拥有时，定要倾尽全心，而不要在失去后唏嘘感叹。

书写也是一样，自媒体时代让人最大限度地把思想扩散，无论是讲还是写，都请不要忘了：发乎心灵，全心全意。有感觉时，请立刻、马上去写，因为感受很快会被现实淹没。这就是我让你常备纸笔的原因，写的时候要一口气写完。

有个文友，写东西时从来不关注自己的感受，一定要琢磨着谁来看，怎么卖出去，每个字都有浓厚的商业气息。所以每每书写时，他总是愁眉苦脸，我问何故，他说："我看见自己的字就烦。"这样的文字是文案，不是心灵书写，他没有忠于自己的真实。建议你忘掉观众，将每个字从内心吐出，而不是绞尽脑汁，非要蹭什么热点，迎合大众标准。当你真实地书写，便一定会拥有真实的读者。

之前，一家心理刊物的编辑找我约稿，可我迟迟没动笔，因为我对她提到的话题没有感觉，勉强自己只会让文字变了味道，也是对读者不负责任。这种状态一直持续到我亲自参加了他们的沙龙活动，我的体验很深刻，当场就有很多话想说，根本按捺不住想写的冲动。于是会议结束后，我一口气写完稿，自己很满意，每个字都是我的心声，最后，给文章取了个题目"四月的风，驱散孤独"，欣然交稿。记得写那篇稿时我很渴，虽然水壶就在另一个房间，我却没去倒水，等一口气写完才跑去喝水，咕咚咕咚喝了一大杯。

我想你懂了，这就是我想告诉你的：在有感觉的时候一口气写完。

第一章 不一样的书写，让你看见真实内心

无论你面对什么诱惑，都别抬头。有时你会很久没感觉，不要紧，书写不能强迫，停下来，或仅在本子上随便画一画，我就是如此。一旦有了感觉，我不允许自己被任何东西打断，一口气写完，内心深处是情感的"集中放闸"。"集中放闸"对情感而言是很恰当的，你心中有很多情感溪流，只要你活着，情感就是流动的，即使你睡了，它们也会在梦里流淌。它们总能找到一个释放之所，在内心这个水库中，情感不停积蓄，直到水库蓄满，将要外溢之时，打开全部闸口，集中放闸，那时，情感之水奔涌而出，其势可吞万物。古代早已有这种战术，"一鼓作气，再而衰，三而竭"便指这个。士兵的斗志被满满激发，一腔怒火顷刻而出，以一敌百，所向披靡。

心理咨询的设置也是如此——有限的次数、时间，需要付费等等，所以谈话一定不会漫无目的，就像你知道了死亡期限，余下的日子一定不会恣意浪费。若想做到这一点，有一个前提：不可外泄。外泄是需要抵挡的，它也是很多人丢了初心的主要因素。比如来访者和咨询师在现实中不可交往，日常也尽可能不要联系，其中一个原因就是为了把情感的水库看牢，仅在咨询的五十分钟里倾泻而出，这样效果最佳。士兵在上战场前或是运动员在比赛前若是频繁进行各种活动，一定会消磨斗志，道理是相通的。

书写更是如此，如果你已经在写一部作品，就要尽可能多地避免外界的干扰——别人的思想会侵蚀你的大脑，潜意识会左右你下笔的力度和方向，也要注意看书、看电影、旅游是否会让你的灵感散乱。同样，在咨询时吃东西、把玩物件、喝水、抽烟、玩手机会让你分神、缓解你当时的焦虑，咨询师除了要探索来访者做这些行为的意义，还要考虑情感已被驱散了一部分。很多被我扔在回收站的文字就是如此，书写的时候被干扰了，看似是被外界之物干扰，实际上是被自己的念头影

响，那些念头往往来自欲望之海。如果你不一口气写完，比如去取了个快递，回来时再下笔，好像就时过境迁，物是人非了，因为你在取快递的途中遭遇了诸多诱惑，它们像无意识链条，侵入了大脑。

有时候你看自己的文字会有陌生感，因为你写下这些文字的那一刻只有一次，那一刻的你、你的字、你的情感只存在一次。世间万物皆如此，你若想深度拥有，必要深度融合、血脉相连，其他一切，无论多么婀娜繁华，都只是背景，它们无法进入你的心，你也只是匆匆过客。

最后告诉你一个细节，无论是书写还是日记，写的时候都别回头看，因为回首之际，爱已远走。

8

深刻理解你的字,就是深刻理解你自己

在朋友圈看到这样一个被当成笑话讲的故事:有一个精神病人,整天什么也不干,就穿着一身黑雨衣,举着一把花雨伞蹲在院子里潮湿黑暗的角落,一蹲就是一整天,动也不动。架走他,他也不挣扎,不过一有机会,他就又穿着黑雨衣,打着花雨伞蹲到原来的位置,非常执着。很多精神病医师和专家都来看过,折腾几天他连句回答都没有,于是大家放弃了,说他没救了。

有一天,一个心理专家去了,他什么也不问,只穿得和病人一样,也打了一把花雨伞,跟他蹲在一起,并且之后每天都如此。就这样过了一周,病人终于主动开口了,他悄悄地往心理专家那里凑了凑,低声问:"你也是蘑菇?"

你问这是怎么回事,我告诉你,这就是共情。

情感需要被看见,特别是内心孤寂的感受,可惜人们总是匆匆忙

忙，没几个人愿意看见你，也就谈不上理解你，共情就更谈不上了。还有些人，他们失去了这个能力，不是他们不愿意，而是真的感受不到别人的情绪，只会茫然。像这个故事里的精神科医生，他们只是在用自己的需求帮助病人，而不是和病人产生连接。心理专家做到了，是因为他并没把自己当作什么专家，他只是努力地了解病人的内心世界到底发生了什么。

心理咨询行业谈得最多的一个词就是共情，做到的人却不多，因为这会消耗能量，而且是一种潜意识消耗，这和人的特质相关，与技术关系不大。没有共情能力的咨询师只能分析和解释，不是说这样没效果，只是少了设身处地的感受。要知道，无论别人如何讲解，都比不过自己亲身经历过。

许多人纳闷：心理咨询师并没经历过那些伤痛，他是如何做到理解来访者的呢？没别的，就是咨询师有共情能力，他没有经历，却又在经历。帮助一个人发展自己的共情能力也是心理咨询工作的潜在目标之一。很多有极度痛苦经历的人失去了这个体验，感受不到别人的感受，是因为他感受不到自己的。

"他们一直在吵，脸都扭曲了，空气一直凝结，被什么冰冻了，顷刻又像宇宙大爆炸，我很担心楼会塌掉。"A女士平静地说，"有一次，我大概九岁吧，也可能八岁，不记得了，"A女士继续说，"他们厮打在一起，他的拳头打在她的鼻子上，她用手抹了一把，几条血痕顿时爬上了她的脸，看起来像个鬼。她沾满鲜血的双手撕扯他的白色背心，一声声的刺啦、刺啦，背心很快变成一条一条的，耷拉着，很恶心。我就在板凳上坐着，他们根本没看见我。突然，我走进厨房，好像要去喝点水，我看见了菜刀，很好奇地把手指在上面划了一下，血一下就冒出来了。我出去继续坐在板凳上,就这样看着血从手指滴落到木地板上。"A女士居然笑了,她继续说,"滴答、滴答,一点都不疼,他们厮打的声音听不见了,我就这样看着血,滴答、滴答,我真的能听见血掉在地上的声音。"

"老师你怎么了?"A女士看见了我的眼泪,问。"哦,没事儿。"我揉了揉眼睛,"我只是很难受。"

这是我与A女士的某个咨询片段,我看到A女士一脸好奇,我知道,她一定不知道我怎么了,但我知道我怎么了,我很伤心,眼泪不自觉地流出来,我做不到她那样平静,她好像在讲述与自己毫无关系的故事。这是共情,那一刻我变成了那个坐在板凳上的小女孩,我的心很疼。我没听到A女士说伤心,甚至她都没称呼他们为爸妈。A女士失去了最宝贵的情感,悲伤、愤怒全没了,她父母野兽般的撕咬啃噬了她的情感,我看了一眼她手臂上被划出的一道道疤痕,心好像也被划了一刀。

一个失去了共情能力的人,看不见别人,更看不见自己。有位朋友告诉我,不知怎么回事,他觉得别人伤心很奇怪,会想"他们怎么了"。打记事起,我这位朋友就不知道伤心,他觉得很快乐,是真的快乐。我什么都没说,心想:要么他真的很痛苦,要么他真的很快乐,要么他只是知道"快乐"和"悲伤"这两个词,从未体验过。

你认真读过你的字吗?你看过你写的东西吗?看的时候你有感觉吗?你会流泪吗?你会捧腹大笑吗?如果都没有,就像在读报纸,那你很可能缺失了共情能力,你都不被自己感动,怎么感动别人呢?

没有情感的字不是心灵书写,是一项任务,一个交代,一份作业,学生不会看着作业本哭泣,若他真的哭泣,是因为没有达成目标或终于达成了目标，而不是为一个方程式。

　　字没有情感就没有生命，你会看见有的文章有很多情感描述："高兴地做什么、开心地做什么……"但不知为何，你看文章时就是高兴不起来，由此你可以判断，这篇文章的作者并不是真的开心，他的情感没有融进文字，无法唤起你的快乐。而有的文章，几乎看不到"愤怒地做什么、生气地做什么"的句子，但你看了以后会莫名躁动，有团火在心中燃烧，情绪也被点燃，这就是有生命的字，每个字都藏着作者无言的怒火。所以，要共情你自己的文字，需要追随自己的心，不要写和你内心偏差太大的东西。如果你有抑郁型人格，即使天天写喜剧也不会快乐，反而会觉得自己的字很别扭，是硬生生装出来的。

　　你的一切都散发着你的味道，心灵书写更是如此。要和自己的文字感同身受，它们就是你，你就是它们。就算你在写小说，里面的角色也都是你，一切脱离现实的故事也都来自现实，不管是你的梦还是你的幻觉。特别是角色，你不成为他，他就无法在你的故事里活下去，他所经历的挫折也是你经历的，他死了，你也"死"了。当然，这并不是真的死了，而是你感受到了死亡的气息。你看见的、听到的、胡编乱造的，都是真实的，因为都是由你创造的。

　　很多时候，能发表的字不完全是内心的呈现，道德秩序、伦理羞耻一定会阻止你呈现，但你的日记、你的心灵书写不会如此，它们是你的秘密，是你独有的心灵花园。在那个地方，你难道从来没为自己感动过吗？

　　共情远远高于理解，我无法描述得生动形象，只能大概说出那种感觉：当一个人与你共情，你内心某个很深的地方仿佛被看见了、被懂得了、被抱住了，同时你会觉得你的一部分好像在他身上。

第二章

进一步书写，

探索各种负面情绪

1

这样写，你会克服恐惧

"让作业见鬼去吧！！！让语文考试见鬼去吧！！！"这是一个三年级孩子写的，他期末考试结束后的杰作。我们一起工作了三个月，至今我仍清晰记得他当时的样子：一推门就跳起来，衣服一扔，冲进游戏室，抓过白板笔，一挥而就："让作业见鬼去吧！！！让语文考试见鬼

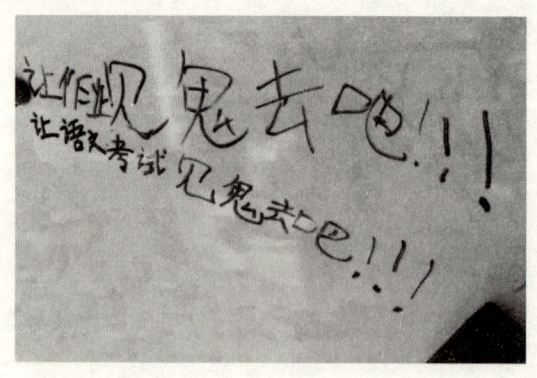

去吧！！！"需要说明一下，最后的两个叹号是我帮他加上的，我认为一个叹号不足以表达他的兴奋，你同意吗？你知道孩子在期末考试结束但成绩还没下来的那短短两天，有多快乐吗？

告诉你，这就是心灵书写，毫不掩饰内心，根本不考虑字体是否工整、大小是否合适、写出来会不会被人笑话，他心里是这么想的，也是这么写的。很多时候，作为成年人的你，应该向这位小同学学习，也应该向自己的孩子学习。

每个人都有恐惧，如果你恐惧面对恐惧，你越恐惧，恐惧就越强烈。

对孩子而言，恐惧的往往是具体的事物，就像这位小同学害怕语文考试。

我还有个小来访者，害怕鸡，在电视上、画册上看见，就害怕得不得了，甚至我说"鸡"这个字他都害怕。我和他工作了二十次，解决了这个问题，解决办法是面对而不是逃避，方式就是心灵书写加暴露疗法。

教你这招：先从"鸡"这个字开始，首先不是"鸡"，而是"机""积极""几""记"等等，专门准备一个本子，用这些相同读音的字或者词造句，每次六十分钟，连续两次。然后用"鸡"这个字组词造句，也是两次。再拿出玩具鸡，可配合几个其他动物，一定得有个动物是能够把鸡吃掉的，比如狼（在象征层面，狼就是他自己），然后开始自由摆放，在沙盘、地面上都可以，持续三到四次。之后讲述关于鸡的故事、看关于鸡的画册，把它们都写下来，并朗读给我听。几次之后，再看关于鸡的纪录片、动画片，并把看到的写出来。最后去看真鸡，从一只到多只，从农舍到养鸡场，把看到的写下来。

最后我们以在这个本子的封面上画一只鸡，晚上和家人分享烤鸡大餐表示庆祝。

孩子对鸡的恐惧消失了，后来他妈妈给我打电话，说孩子很好。我告诉他，若偶尔还有些怕，就拿出他的那本"英雄"笔记本，不停地看、读。

这个办法对孩子的效果不错，但有两个前提：第一，安全，要确保孩子的安全，以免二次受伤，也要确保你们的关系足够安全；第二，写出来，对孩子来说，画出来就是写出来。为何写出来那么重要？因为写出来在潜意识中代表确认。心里有恐惧，写出来是什么感觉？写完后是不是舒服点？这是因为在头脑中思考和确认是两个概念，确认代表掌控，翻译过来就是：我知道你很可怕，但我敢面对你，我不但可以面对你，我还可以杀死你。

当孩子恐惧某个事物时，大人要帮他给自己恐惧的事物命名，要让孩子知道他怕的是什么。比如在路上碰见一只狗，孩子一边往你怀里钻，一边说："妈妈（爸爸），我怕。"你的回应不是"没事儿宝贝，别怕"或"有我在呢"，而是"哦，宝贝，你害怕这只狗啊"——用手指着狗肯定地告诉他，这叫"命名确认"。让他感到安全的妈妈（爸爸）和他共同面对，并帮他确认害怕的东西，这个过程叫掌控，这与在纸上写出来的感觉完全一样。

把害怕的事物写得越详细，就越有掌控感。你知道有人为什么喜欢吃辣吗？辣不仅是一种味觉，还是一种痛觉。越辣越过瘾的意思就是"只要你疼不死我，我就吃死你"。这和有的人喜欢看恐怖片、喜欢刺激是一样的，本质上是其对死亡恐惧的控制。我就这样，喜欢看恐怖片，喜欢在没有别人时把声音调到最大。曾经的我喜欢蹦极、海上跳伞、过山车等项目，那种对濒死感觉的掌控让我感到极度刺激。记得有段时间，我对这些项目特上瘾，同时，我会把体验和感受写下来，写的时候又重温了一遍那种感受。

其实就在此刻，这样写下来，我依然会有掌控的感受，你也可以试试。

"鬼，杀，掉下一个。"这是另一位同学的作品。家长看到"鬼"字后不必担心，孩子写出内心的恐惧后情绪反而会好很多。在家时，家长也要鼓励孩子写出来、画出来，不要压抑。

对于成年人来说，恐惧的往往不是具体的事物，而是念头和想法。念头和想法就是成年人心中的"鬼"。

多年前我参加过一次地面培训课，来自美国的海蒂·卡杜森博士让我们画出自己最害怕的"鬼"。我注意到许多同学的表情很凝重，甚至诡异。等大家画完后，彼此看看，有的人会忍不住笑出声，原来有的同学画的"鬼"实在太萌了，很可爱，根本不恐怖。但是自己盯着自己画的萌萌的"鬼"，却怎么也笑不出来。你知道吗，每个"鬼"都是自己内心恐惧的投射，它看似是鬼又不是鬼，是自己内心拒绝面对的情结。这样的"鬼"往往代表害怕成功、害怕失败、害怕穷、害怕亲密、害怕性、害怕控制、害怕孤独、害怕评价、害怕贬低、害怕分离、害怕恋爱、害怕抛弃、害怕血腥等等。这些藏在你内心的"鬼情节""鬼故事"需要被你写出来。你的笔就是钟馗的斩妖剑，能够斩妖除魔。

你需要伴随着自由联想把它们毫无保留地写下来，即使在写的时候心跳加快、冒冷汗、哭泣、觉得委屈、感到悲伤，也别停，不但不要停，还要把刚才的情绪写下来。比如你从小被父母严格要求、苛责、束缚，你失去了成为自己的权利。也许这就是你害怕的"鬼"，写下来吧。

把罪行控诉在纸上，从印象最深的记忆开始，把压抑的愤怒和委屈写出来，把最细的情绪描述出来，再大声读出来。反复练习，你会发现自己的情绪会慢慢平稳，你的字也不再浑身是刺，你的笔柔软了，你的字宽容了，你对父母释怀了，你对自己慈悲了，你的心明了了。当然，这需要时间，需要老师指点，需要大家一起面对。你写不出来，是因为胆怯，你在害怕，你在恐惧，你并不愿意承担恐惧的后果。这样的恐惧阻断了你的思维，让你无从下笔。也许你可以试试，先从自己的恐惧写起，那样不但引人入胜，而且深刻，更重要的是有疗愈作用。

受得住破茧成蝶的痛，才担得起振翅高飞的美，任何自由，必须经受恐惧。

2

这样写，你会缓解焦虑

除了恐惧之外，还有一种普遍存在的感觉，即没有恐惧的具体事物，不知道为何害怕，一直担心有不好的事情发生，这种感觉是焦虑。

就好像在书写时，你刚要动笔，却不知为何写不下去，没准你干脆把笔扔到一边，把纸撕成碎片，整个人的状态都不好了。这是很关键的时刻，说明你的焦虑指数正在升高。我有位来访者就是这样，一到关键时候（比如演讲、考试、由他主持会议）就会紧张、不安、失眠、心跳加速、浑身冒汗。有一次，他应邀讲课，提前一周就开始准备，而且准备得已经非常充分了，但他周五（周六讲课）找到我，说自己紧张得要死。

在那次咨询中，我都在让他写。写什么呢？分两部分：只写和明天讲课有关的事，三十分钟；自由联想，写什么都行，三十分钟。这是为什么呢？我想让他先确认自己恐惧的目标，确认讲课这件事是注定要发生的，无论多焦虑他都要面对，只要他不发生意外，这件事他就要进行，把他的焦虑最大化。甚至他可以这样写："我可能会晕死在讲台上，救护车把我拉去医院，我不愿意死，因为我还没讲完呢。"放心吧，书写最大的优势就是写不死人，最多写晕。确认好自己恐惧的目标后，帮他走到自己不焦虑的地方。在这一部分中，尽管前十分钟他依然在写与讲课有关的事，但后面就不写了，他写到和儿子去野餐，写到自己如何救了一个人，写到冬泳带给他的刺激和享受，写到二十年后三亚的日光浴。之所以让他自由联想地写，是因为人的潜意识总会找到一种途径，让自己不焦虑，至少不那么为难。当你在不停写、不停写，不用脑子思索时，你就接近了潜意识。

用书写呈现焦虑会让他明白，这次讲课的焦虑对整个生命而言简直不值一提，甚至可以选择放弃。写完后我告诉他，晚上睡觉前对着镜子大声读，明天讲课带着这几张纸，放在讲台上，当作讲课的稿件之一。周六晚上，他给我发了条信息：谢谢你。我知道，他已安全完成了这次讲课，帮他的不是我，是我咨询室的笔和纸，再准确一些，是他自己的心。

"焦虑"这个词本身就很焦虑，因为它针对的是情景的发生，不是具体事物。对具体事物的害怕状态被称为恐惧，在专业心理学领域，恐惧、强迫、惊恐发作都属于焦虑的不同表现形式。

我不准备和你谈得太深入，我只想对你说：写出你莫名的焦虑。像我这位来访者，表面上是害怕讲课，其实是内心被氛围引发了不良情感，是一种情感导致的。这种情感是自我在面对危险时的主观反应，我知道你还是听得迷迷糊糊，这么说吧，就是一种不确定性。你知道我为何难以描述了吧，因为它本身就代表不确定性，是不确定性的不确定引起的反应。

第二章 进一步书写，探索各种负面情绪

我猜你已知道了书写的必要性——把不确定变为确定。写吧，我的朋友！我保证，你写着写着就会确定了，因为，有些东西正在浮出水面。

我的一位来访者写道：我总紧张人一多就紧张不敢看他们的眼睛不敢说话害怕他们笑话我害怕他们讽刺我挖苦我我很难受很难受我不知道怎么了我知道没必要可就是忍不住我不敢去人多的地方小时候总一个人一个人时候哥哥总是取笑我……

请注意两点：第一，整段话没有标点符号，希望你读起来别焦虑；第二，最后那句是结晶，他写的时候根本没想过回忆，却不自觉地写下了哥哥取笑他。冰山已露一角，接下来会展露更多，会出现情绪，会从人际焦虑转入亲密关系焦虑，会越来越具体，压抑的愤怒、悲伤、怨恨会出现，父母也会出现，关于"爱与被爱"的主题也会出现……

就这么简单，不要奇怪。我还要告诉你，他若再写就会越来越害怕，这是我希望出现的——由焦虑转为害怕，说明由不确定转向确定，原来我不知道焦虑什么，现在我知道了——我恨哥哥。

别高兴太早，以为这样就会彻底摆脱焦虑吗，不是的，这是一个系统，是坚持、渐近的过程，书写最终达到疗愈，背后动力是初始意念。心理分析就是"潜意识意识化"的过程，把你不知道的变成你知道的。从存在主义来说，一切焦虑源自死亡，如果你知道三天后自己会死去，所有其他焦虑必然消失，会被原始死亡焦虑代替。因为最大的恐惧在于你不知何时死去，死亡又不可逆。你会问，这和书写有什么关系啊，我不得不强调我的观点：让书写者找到灵感，让痛苦者找到疗愈方法。

我再和你谈谈如何书写，当你不知道写什么的时候，把"我不知道

写点什么"写下来，然后顺着你的联想往下写。你要写，而不是只想不做。比如：我不知道写点什么，我不知道写点什么，我觉得自己没有词汇、阅历太少、文化程度太低，但我还是想书写，我觉得没词汇写不出好东西，没词汇写不出来，怎么办呢，要不……好了，够了，点到为止，我相信你已经懂了。

你总会在绝望时看到希望，就在拿起笔的那一刻，没什么可以难倒你，拿起笔、打开电脑，就会看到生机。就像你认为没有词汇，你一定会想办法解决这个问题，不是吗？记住，困扰你的并不是焦虑本身，并不是你不知道写点什么，而是你没有行动，而是你不能够拿起笔。只要你能够拿起笔，写下去，无论写的是什么，总会找到出路，我把这种出路叫作"灵感"。灵感不是凭空跑来的，海明威说过："写作没有捷径，你越写，就越懂写作。"

所以，无论是哪一种焦虑，就按照这样的方法，拿出纸笔，开始写吧。

3

这样写，你会走出纠结

清晨，漫步在我的"后花园"，不是，是我的后花园，不用引号，心想：真好，就这样写着写着，我的丁香花又开了，它们再次到了花季。当你和一个人、一件事物在一起时，他就是你的，你也是他的，你们是融合的，就像我说的：我的后花园、我的丁香花、后花园的我、丁香花的我。

我打了两遍不标准的太极，正想和往常一般做点冥想，却被打断，因为我看见了两个熟人，她们和我隔着丁香树在赏花。你知道的，丁香花开的季节，谁也拒绝不了那沁人心脾的香。她俩喜欢赏花，赏花是她们优雅生活的一部分，是的，优雅、知性，这是我对她们的评价，一直都是，在我看来，这两个词就是美的代名词，我甚至想，是不是赏花让她们容颜常驻。两位老师是我的同行，几年前，我去她们的工作室，和她们相处融洽，沾染了许多美。我跟两位老师打招呼、寒暄，帮她们拍

照，美的东西需要留下来，这与空间、年龄无关。其中一位老师问我怎么那么能写，我笑着答道："因为喜欢。"

今天是我书写的日子，我总会在一周的咨询中挤出两天时间，这两天只属于我和我的字，不安排任何咨询。多年之前就是如此，不管有多忙碌，我总会需要一些时间，一个人、一支笔。

回到工作室，身上还带着丁香花和老师优雅的味道，泡杯茉莉花茶（因为我最爱的绿茶昨天喝光了），打开电脑，却怎么也敲不出字，我觉察了一下，知道自己现在有些选择焦虑。于是我去了阳台，阳光就这样倾斜地洒进来，我看见了金灿灿的一片，闭目静思，我问自己："此刻，我想要什么？"好像有几种声音交织在一起，说："看小说吧、书写吧、看专业书籍吧。"它们交替出现，想让我选一个。"要不，什么都不做吧，"我想，"我已经很久没有什么都不做了。"想到这儿，脑海中却冒

第二章 进一步书写，探索各种负面情绪

出了笔在本子上游走的沙沙声，还有键盘的啪啪声。我再次确认，我遭遇了短暂性的选择焦虑。毫不迟疑，我拿起那支有故事的凌美钢笔、那个有些旧的笔记本，让沙沙声真实地响起。

大概几分钟后，一页纸已经写满了。我看着自己都辨认不清的字，发现了两句话。一句是：想做的事就是欢乐，就是安静，就是不累不劳，就是不苦不执着、不唯一不坚守、不自在也大自在。另一句是：违心的、无聊的、不情愿的，那不是事儿，是讨好自己。这是我心灵书写的原话，只不过多了标点符号，我在书写时从来不用标点符号，它们是限定。

我盯着上面的字，请注意，这时候我在用大脑，冒出的第一个念头就是不相信是自己写的，冒出的第二个念头是挺有哲理的。写出来的字也不好看，但，管他呢，你有写出最烂的字的权利。

我首先想和你说的是：心灵书写若按心而动，就会像我一样，认为不是自己写的。我在想刚才那句话，就算我用大脑思考，也不会想到这么有内容、有禅意的句子。我忍不住在电脑上敲一遍——真正想做的事，就是欢乐、安静、不累不劳、不苦不执着、不唯一不坚守、不自在也大自在——好让我再次确认。此刻我知道我要做什么，我坐在电脑旁，再次问自己：此刻我想要什么？一个声音不假思索地答道："敲下第一个字。"于是，便有了这一篇文章。而且，写到这儿我浑身轻松，心也很安静，不苦也不唯一，坚守也不坚守，此刻我是欢乐的。这就是我想对你说的另一个：随心。

就现在，就在这里，我和我的字在一起，欣喜欢乐。我追随了内心，不再纠结和焦虑。三十分钟前，我的大脑还让我去看书，但我的心没有明确告诉我，它让我"不唯一不坚守"，记住，这是它们的区别，大脑会告诉你具体的指令，心不会，它只会让你悟，只会让你做自己。

此刻，我随心。

你可能经常面临抉择，是的，选择无处不在，人生的过程就是一个又一个选择的过程，大到婚姻、学业、工作、二胎，小到早上吃什么、出去逛街还是睡觉。我先告诉你两种状态：一种是什么都不想要，一种是什么都想要。前者的感受是孤独和无力，偏向抑郁，采用的是高度隔离，把自己封闭起来；后者是紧张和纠结，偏向焦虑，采用的是合理化，把自己"凌乱"起来。"选择"属于什么都想要的人，他们害怕失去，又没把握得到。如果你是这样的状态，可以采用我教你的方法——心灵书写，让你的文字不受大脑的控制，倾泻于纸。写完后反观，寻得你最有感受的句子，盯着它，读出来，和它在一起，听从它的引领，让它带你选择，走进那种"不苦、不执着"的自由。

我遇见许多来访者，有着类似的抉择困难，早点吃什么对人影响不大，但选择结婚伴侣可就比早点重要多了。你不能听大脑的，因为它是功利的，它会让你讨好一部分人，特别是父母和社会规则，讨好你心中"高大上"的自己。讨好不是随心，还以牺牲自己为代价，所以，你需要用心选择，这时可以使用心灵书写的方法。听从你的心，就算事后大脑对它进行谴责、批判，也别管，你这样做是为了避免后悔或者抱憾终生的结果，是对自己负责，也是对你选择的对象负责。

我想你应该懂了，若不懂，也不怪你，或许，你还需要练习：拿出一段岁月，书写人生。此时，我还要告诉爱书写的你，这就是最好的素材呀，你还在为书写犯愁吗？

这一篇融合了我看见的、思考的、偶遇的、有关风景的、随心的、心理咨询的、心灵书写的种种，我只是个搬运工，我把它们都搬到了一起，像垒砌一块块砖头，垒起了这篇文章。你或许会觉得有些散乱，也可能觉得有记流水账之嫌，但同样你也会被打动，却不知为什么被打动。我来告诉你：是真实，是真实打动了你。我不相信玄幻和虚拟小说没有真实，那里有作者更多的投射，需要作者的大脑更加努力润色和搬运，需要移置和象征，就像梦的加工。

真实就在当下，你为什么不写出来呢？写出所有发生在你身上的事，让它们在纸上看着你，就像镜中的你看着你自己。

我再次回答老师问我的问题：为什么那么能写？因为我喜欢，同时，因为我用心喜欢，希望你也是。或者你不喜欢书写，没关系，只要你不是在违心地、无聊地、不情愿地、"不得不"地做事，只要你追随你心，无问西东。

4

这样写,你会抓住一闪而过的念头

捕捉情绪,抓住一闪而过的念头,有利于觉察内心,搜集书写素材。

半年前,我接待了一位"路怒"来访者,他最近在马路上和别人吵了三次架,有一次把一辆宝马车的车窗砸了,赔了不少钱,还吃了官司。"我一见有人超我车就来气,必须要超过他,有时会闯红灯。"他说,"若是有人在后面按喇叭,我就会熄火;前面有车挡我,我就会不停按喇叭。就这样,发生了很多争吵。我也知道是自己太着急,其实我也没什么急事儿,可那时候就是忍不住。"说到这儿,他笑了一下。

其实,我开车时也遇见过这样的人。有一天我去接亲戚,路上正常超了一辆车,这可不得了了,那车主一直跟着我,我转弯他也转弯,我直行他也直行,后来他超了我的车,并在一个绿灯路口不动了,一直到黄灯亮了他才走,把我挡在了红灯下。我想,他一定很得意。

第二章 进一步书写，探索各种负面情绪

这种人焦虑指数比较高，动不动就发火，一点小事就大发雷霆，情绪和事件一点都不匹配，我这位来访者就是这样。我给了他一个办法，现在我也把这个办法告诉你：心灵书写，抓住一闪而过的念头。

我让他每次按喇叭、超车、变道、义愤填膺的时候，立刻拐弯，找个安全的地方，把车停下，拿出准备的纸笔，写下自己刚才的念头。刚开始他总忘记带笔，我就让他写在手机上，至少五分钟，没有上限。哪怕他再次发火，或和别人出现了争执，事后也要写下来。比如："气死了""这个混账王八蛋"，这没关系，写下来，"我真想扇他""我胸口像个火山，要爆发了""刚才怎么没撞他一下""我很头疼"。

坚持了一段时间后，他的本子上出现了这样的话："我好像不应该这样""我太鲁莽了""真有些后怕，差点出事故""可能他比我更生气"。再后来是："我不该学开车""今天早上孩子不起床让我很恼火""科长太不公平了""父亲当时若是不开车就好了""以后我也不开车了"。就像你看到的，潜意识内容浮现了。他上中学的时候，父亲因一次刮擦事故和对方发生了口角，并被对方打成重伤，在医院躺了半年多，而他当时就坐在副驾驶座。

让这位来访者找个安全的地方停车进行书写，有三点好处：第一，确保人身安全，避免矛盾激化；第二，宣泄情绪，给自己的坏情绪命名，然后写在纸上，就不那么焦虑了；第三，诱导出心灵深处的念头。

对这位来访者而言，父亲车祸后的创伤体验并没有被修复，他只能一次一次投射在无辜的人身上。让他慢慢好起来的除了心理分析，还有心灵书写，他抓住了当时的念头，没有让它们溜走，这很重要。许多来访者说起愿意和我继续工作的原因，是我能看到他们当时当刻一闪而过、稍纵即逝的念头，且不让它们溜走。我会说："等一下，刚才你说……的时候好像含含糊糊"或者"来，再仔细说一下，就你说无所谓

的那句话"。

  人的内心念头丛生，但念头总不会无缘无故冒出来，有些念头一眨眼就没了，再也回不来，过了这个村，就没这个店了。你不能轻易放过它们，特别是你感觉无所谓的、已经过去了的、说出来没意义的，它们不是你的敌人，而是你的朋友，你要接纳它们，把它们留下，与自己待一会儿。这些念头其实是内心深处的声音，你只有把它们抓住、说出来、写下来、摆到桌面上，才会发现它们给你的礼物有多珍贵，特别是你入睡前、梦中、半夜醒来或者一个人发呆的时候。白天你是醒着的，世界也是醒着的，来自四面八方的事情充斥着你的大脑，让大脑来不及思考便继续下一件事情。而夜晚安静，让人放松，大脑皮层休息了，只剩下漫无目的的想象，还有比较集中的思索，那时候的念头很宝贵，一定不要错过。很多人就是在半夜意识到自己需要改变，意识到这个问题并不轻松，眼前会涌现大量情景，会有无意识的决断。你被闹钟叫醒后，这些念头很容易消失在白天的喧嚣中，就像你忘了昨夜的梦一样。

  我有个习惯，夜晚有念头了，就会打开灯把念头记下来。我的床头备有纸笔，无论是半夜的梦、有些奇怪的念头，还是灵光乍现的想法，我都会逮住它们，把它们变成字。散步、吃饭时也是如此，我会快速把念头记在手机上。许多来访者的问题、许多书写的素材都来自这些念头。我发现一个人待着时，念头往往更有价值。希望你也有这样的习惯，这也是练习书写的好方法。你不是没东西写吗？你不是没有灵感吗？灵感来了你去哪儿了？你不能走，你要用笔把它们描述出来，给它们生命。

  有段时间，我连续三周没写东西，感觉很空，很想写却无从下笔。有一天去拜访朋友，我在电梯里碰见一个人，他扛着一桶水，在和妻子通电话。他的姿势让人看起来都感觉费力、困难，因为他只有一只手，汗珠一滴一滴砸在手机屏上,但他笑声不断。我脑海中顿时浮现出很多很多画面,多得快要溢出来了,于是我立刻拐到楼梯处拿出本子开始书写,也就十几分钟吧,写满了三页纸。第二天回工作室,我仔细揣摩那些念头,感觉它们好像会说话,于是那天我一口气写了一万字。

  一个场景触发了我诸多念头,我没让它们走远,让它们变成了字,虔诚地和它们在一起,它们就成了素材。而你,也要如此。不要忽略夜晚的决定,梦里想去见一个人,醒来就要去见他,我做过这样疯狂的事,愿你也疯狂一次。

5

这样写，你会知道自己在关系里的位置

我是谁？这个问题本该让幼儿园的小朋友回答，或者留给哲学家思考，而今天，我要带你思索。

如果你是个爱反思的人，也许会在深夜辗转反侧时有如下念头：

最近我怎么了，总是犯错。

真不该和爱人吵架，其实也没啥大事儿。

也不知道整天都在忙些啥。

这么多事，烦死了。

不知道什么时候能赚钱。

怎样才能成功呢？

…………

所有这些，究其本质都可以用这句话来囊括：我是谁，要去向哪里？

我的一位来访者C女士，在孩子突然不让接送时这样问过自己。她和儿子相依为命，这样说并不为过，父亲缺失已不再是罕见现象了。她知道隔代教育的弊端，所以儿子从出生一直到初中一年级，都是她一个人带，她的生活全部围绕孩子。

她辞掉了工作，变着花样给儿子做一日三餐；周末各种辅导、出行也都是他们娘俩；儿子上小学、初中，她也在学校附近租房子，亲自辅导作业，在学校附近做钟点工。

儿子和她很亲，直到上小学高年级才分床，也很懂事，很替妈妈着想。就在初一下学期，他突然不让妈妈送了，坚持自己过马路，放学也不让妈妈接了，会和朋友一起踢球。这时，C女士抑郁了。

她找到我时这样说："我觉得活着没了意义，很无聊，都不知道自己是谁。"

B先生也是如此。

退休半年，厌倦了旅游和钓鱼，神情恍惚，有事没事就去原单位和门卫大爷聊天，望着昔日的办公室长吁短叹。他整天都会在单位附近晃悠，直到晚饭才回家，就像当初下班，第二天清晨再照常去。

这样持续了几个月，B先生病倒了，发烧、胃疼，反复发作，去医院，医生也没有好办法，建议他看看心理医生，家人多次劝说后他来到我的工作室，六十岁出头的他看上去比实际年龄老多了。

我知道，B先生和C女士一样，丢了自己。但我并不想和你分析他们的具体心理，也不想和你介绍他们各自的亲密关系，我只想告诉你：他们在人生的某一阶段，开始重新思索"我是谁"。而这样的来访者朋友，我见过不少。

现在，去你的书房，卧室也行，保证你一个人，安静且不被打扰，拿出一张纸，按我说的做。先写上"我是谁？"，然后从你自身出发，回答这个问题。档案表填过吗？就这样写：我的姓名是，我的性别是，我的年龄是，我的民族是，我的职业是，我的学历是，我的政治面貌是，我的兴趣是，我的求学经历是，我的受训经历是，我的存款是……

好了，先写到这儿，看着这张纸三分钟，问问自己是谁，然后再读一遍，确定自己是谁，静心一分钟。

现在，在另一张纸上写"我的受训经历没了"，停，感受自己此刻的感受，集中精力，就像真的从未有过任何培训经历。继续，"我的求学经历没了，不再读书、旅游"，停，同样感受，是真的已经没了。我想你懂了，那就继续，"我不是党员、没有学历、不是班主任"，再停，重复每个思索，感受每一个失去的念头，集中精力想象，如你已不是班主任了，如此类推。

"我不是教师""我不知道我的民族""我没有了年龄、性别""我不是某某"。好，对于每一个不是、不知道、没有，你都要思索、感受，都要盯着这张命运的纸，沉静一分钟。然后在纸的下端写下三个大字：我是谁。

再拿一张纸，也写下"我是谁"，不同的是在下面写你认为生命中最重要的二十个人的姓名，以及和你的关系，顺序无所谓，只要遵照你念头的出现，像这样："我是我儿子某某的妈妈。"对，很好，就这样，简单明了。"我是我丈夫某某的妻子。"是的，没错，即使你现在知道要做什么，也要写下来，这是严肃的事情。生命有时很脆弱，人性有时很难测，你不知道下一刻会怎样，那就继续吧。

我是我父亲某某的女儿。

我是我母亲某某的女儿。

我是我哥哥某某的妹妹。

我是我妹妹某某的姐姐。

继续，一直到凑足二十个人。

我是我奶奶某某的孙女。

我是我舅妈某某的外甥女。

我是我老师某某的学生。

我是我闺密某某的闺密。

我是我同学某某的同学。

我是我经理某某的员工。

我是我同事某某的同事。

我是我讨厌的某某的敌人。

…………

好了，你一定写好了，即使是去世的亲人，只要内心觉得和他在一起，也写下来，无妨。和刚刚那页纸一样，静静看着他们的名字，想着他们的模样，想着他们和你经历的一切，想着你们之间的争吵、恩爱、误会、纠纷、甜蜜……

三分钟后，重新拿起笔：如果让你去掉一个人，从此他消失在你生命里，你再也不会记得他，你会选谁？感受自己的感受……把这个人的名字画掉！从此，这个人和你再无半点关系，你们彼此不认识，也没有过去，他彻底消失了。然后，若再画掉一个人，他将不复存在，你会选谁？

画掉，就像把他从你生命中抹掉，或感受他已经不在人世了。继续进行吧，我知道当你画掉爷爷、奶奶、兄弟姐妹、父母、伴侣、女儿、儿子时你的感受，可你还是要进行下去。但在你画掉之前，请好好回忆：你的体验里有着怎样的感受？因为记忆也会随着名字的画掉而消失。允许你沉默，允许你哭泣，允许你伤心，允许你愤怒，允许你骂我。

假设时间过了好久，你已画完最后一个名字，无论你是泪流满面还是展颜欢笑，你盯着自己写的那个"我"，然后再写下这三个字：我是谁。最后，轻轻地把"我"画掉，问自己：我是谁？

闭上眼，感受自己，感受呼吸、心跳、头发、胳膊、耳朵、嘴巴、每个细胞，轻轻地问自己：我是谁？静心五到十分钟，沉浸在你所有的感受中……

慢慢睁开眼，拿出纸，希望你没有把它撕掉。现在，你画掉的第一个人又回来了，他真的回来了，方才只不过是一场梦，一个书写练习。把他的名字加上吧，一笔一画地、温柔地、充满慈悲地，继续感受你的感受，就像你失去他时，现在他又回到了你生命里。

接着是第二个、第三个，一直到最后一个，或许是你的母亲、伴侣、孩子，他们都回来了，依然在你身边，你都已经听到了孩子的打闹声。

把你的名字也写上，把"我"也写上，还有你的职业、民族、财富、兴趣等等。然后再问自己：我是谁？

最后，感受自己的感受，写下三个字：我是我。

此刻，我什么也不想说，因为我想说的全部在你方才的感受里，我也不继续解释 C 女士和 B 先生为何会如此，因为，你已经懂了。

学员书写练习：我是谁

作者：亭玉子

此刻，我正在自己的卧室里写下这些文字，床的旁边有一个小小的柜子，柜子里有我读过的书和女儿的绘本。我书写的本子就摆在这柜子上，我拿着笔在本子上写着我现在的感受。

房间里很安静，窗外下着淅淅沥沥的小雨，伴随着车来车往的声音,我仿佛能看到路上被车轮碾轧而溅起的水花。

好的,现在我要开始我的探索之旅了。

我是谁?

我是一个妈妈、一个女儿、一个姐姐、一个作者,我是我自己。

"我是一个妈妈"这个身份,为什么将它放在第一位?因为这个身份对我来说是最重要的。从我生下我女儿的那一刻起,我便深刻地知道她是我生命的延续,她的身体里流淌着和我同样的血液,她的生命比我自己的生命还要重要。

妈妈是这个世界上最伟大的人,我也是,当危险来临之时,我会奋不顾身地保护她。我是我女儿的妈妈永远也不会改变,每一天,每一秒,我都深刻感受到身为妈妈的责任。

"妈妈"这个身份在我的内心占据了很大一部分。假设此刻我没有了女儿,我会是怎样的心情?

我的心脏在快速地跳动,我开始恐慌、焦虑、不安,我拼命地寻找我的女儿,我绝望、悲伤,我开始哭泣。我也开始懊悔,懊悔平日里经常对她发脾气,为什么不能好好说话,明明心里很爱很爱她,可总在无意中伤害了她。我感到世界失去了颜色,我要如何继续生活?没有了女儿,活着还有什么意义?我无法诉说心中的苦!

我是一个女儿。将"女儿"这个身份摆在第二位,是因为从出生到现在,我的父母对我来说是生命中不可或缺的一部分。我们相依相偎生活了二十多年,曾经的争吵、矛盾、纠缠和爱恨全都已经深深地融入到了岁月之中,变成了浓浓的亲情。

我从生下来就有了新的身份——爸爸妈妈的女儿。虽然生在农村,长在贫困的农民家庭,我依然很自豪。我的爸妈给予了我足够的陪伴和爱,是他们教会了我做人要懂得感恩。作为女儿,我继承了他们的优良品质,并且知道自己身为子女的责任和担当。孝顺是我骨子里不可磨灭的东西。

假设此刻我没有了父母，会是怎样的心情？

我失去了内心最重要的依靠，失去了最温暖的港湾，我将独自面对以后生活中的黑暗。没有了人生的方向，我该往哪儿走？我不知道。我迷茫、我害怕、我哭泣，没有了坚强的后盾，以后的风雨之日、坎坷之路我该怎样度过？我害怕有一天自己被磨难打倒，从此一蹶不振。

我知道父母总有一天会老去，也会离开，无论怎样前面的路都要自己走，没有人帮你。可我还那么年轻，我真的不知道没有了父母的日子该怎么过，更多的是迷茫和恐慌。

我是一个姐姐。将"姐姐"这个身份摆在第三位，是因为在以上两个身份之下，我能想到最重要的人是弟弟。

在我上一年级的时候，妈妈生下弟弟，我有了另一个身份——姐姐。爸妈忙碌的时候，我都尽力照顾好弟弟，我们有不可分割的血缘关系。我喜欢弟弟叫我姐姐，我为拥有这样的身份而自豪。在和弟弟一起成长的过程中，我们相爱相杀，但依然有剪不断的牵挂。

如今弟弟上了大学，长成了一个大小伙子，我与他的交流只有寥寥数语，由于学历、认知、阅历的差距，我和弟弟已渐行渐远，但浓浓的亲情依然不变。

假设此刻我没有了弟弟，心情会是怎样？

失去了同胞兄弟，就像被砍去了一只手臂。一生可以相依为命的姐弟，不管失去哪一个，无论走到哪里，无论什么时候，内心深处总会留下永远也抹不去的伤疤。

作者，这是我值得自豪的身份。因为书写，我找到了内心对书写真正的喜爱，找到了自己的基因和书写有缘的那部分。书写带给了我前所未有的快乐和满足，所以我才会对书写如此执着和热爱。

第二章 进一步书写，探索各种负面情绪

我是一个普通的书写者，我默默地码字、专注写文章。假设此刻没有任何一个书写平台，或者说我失去了书写的能力，我的心情会是怎样的？

我的生活会回到原来黯淡无光的模样，我会失望、沮丧，我无法找到其他比书写更让我痴迷和专注的爱好。或许有，但我知道我没有那样的天赋，并且其他的爱好不能让我真正感到快乐。

不能书写，就意味着失去太多的快乐，生活也失去了乐趣，我的内心会有遗憾和痛苦。

我是我自己。将"我自己"摆在最后一个，并不是不看重自己，而是一种回归，回归自我、回归本身。我的身份、背景、学历、年龄、经历等全部清零，我只是我自己。我不是一个妈妈、一个女儿、一个姐姐、一个作者，我什么都不是，我就是我自己。这个"自己"由我定义，别人无权给我贴标签，定义我是什么样的人。

我是谁？这是一个需要集中精力、心平气和来研究的问题。写到这里，我突然想起了成龙的一部电影《我是谁》。成龙饰演的杰克在执行任务的过程中由于飞机坠落，落难于土著人的部落。杰克头部受到重创，因此对曾经发生的一切失去了记忆，他不知道自己是谁。虽然他的大脑失去了记忆，但他的内心一直在发出一个声音："我是谁？"部落里的人也因为他总是自问"我是谁"而以此为他取了名字。

杰克的记忆总是断断续续，他仿佛回想起了飞机失事的片段，为了找到答案，他离开了部落。或许这就是人的本能，当一切都发生改变，当自己的大脑不听使唤，我们的内心会一直寻找"我是谁"的答案。

我是谁？我是我自己，这就是内心告诉我的答案。

我的身体、我的外貌、我的身高都是皮囊，并不是真正的我。真正的我是活在皮囊之下的，是一个有思想、有心跳、有灵魂的个体。我的身份、我的职位、我的家庭都是在我身体千里之外的虚幻东西，真正的

我和它们相隔甚远，所以这些也并不是我。

那什么才是真正的我？

我是一个有理想、有追求、热爱生活的人，我是一个懂得感恩、真诚善良的人，我是一个知道自己厌恶什么、喜欢什么并且为喜欢的事物而坚持的人，我是一个有责任、有担当、讲诚信的人，我是一个有童心、有良心、有爱心的人……我将自己定义为这样的人，并且我自己就是这样的人，我喜欢这样的自己，永远不会改变，也不会将她抛弃。

曾经有人这样对自己表白：这世界很大，大到我不能保全所有人；这世界也真的很小，小到只有一个你于风雨里陪伴。所以，我爱你。

现在我也表白我自己：你是最美的烟火，你是永不凋零的花朵，岁月蹉跎，时光穿梭，永远做自己，爱你一辈子！

冰千里：

亭玉子，你思索这个问题时就正在对自己慈悲。

没有了至亲至爱，没有了身份背景，你是谁？

你一点一点把他们从你的生命里抹去，是残酷的，但也是真实的。越是恐惧，越是真实，也就越能看见自己内心最原始的真我。而这一切，终将逝去。

你做到了，当你勇敢地面对这个部分，这个部分就会和你越来越紧密，也越容易承载你，你也越容易对他们慈悲，无论是父母、弟弟还是女儿，还是作为作者的自己。

唯一不会逝去的是绽放的每一刻！那些切实的当下与无悔组成了自由的灵魂，即使失去了身体，也会存在于空气里。

继续勇敢做自己吧，追随你最真实的感受，不辜负、不迎合、不强迫、不委屈，随心而动，好好关爱自己。

6

这样写，你会清理各种杂念

　　一个人之所以无法将一件事进行到底，是因为内心杂念丛生。更要命的是，这些念头相互摩擦、碰撞、发生冲突，有的指挥你往左走，有的阻止这样的想法，甚至拽你往右走。常常如此，你便始终无法达成真正想要的，终日彷徨、不知所终。此刻，我说你心灵已然错位，念头没了归宿，找不到安身之所。

　　前几日重温了《老人与海》，我想，那位饱经沧桑的老人之所以能在远海制服大鱼，是离不开坚韧与坚持的，而坚持下去有个至关重要的原因：信念如一，没有杂念。但他并非一直无杂念，和大鱼较量的日夜中，他有过各种杂念——为何没带点盐，为何离海岸那么远，为何没带孩子出海，甚至常想起往事，想起那些梦见狮子的夜晚，想起年轻时的荣耀。每当这时，大鱼就会拉紧绳索，勒得他的手钻心地疼，老人会大声对自己说："得了吧，老头，现在不是想这些的时候，你还要集中精力对付大鱼朋友呢！"念头被拉回。几度艰难，他降服了大鱼，也降服了心中的妄念。

后来，老人驱散了一头、两头、一群鲨鱼，那已不仅仅是工作，而是一种使命，一种与命运搏斗的执着，即便大鱼被撕扯得只剩头尾间长长的白骨。但老人胜利了，心安稳了，他已不再指望大鱼能卖个好价钱，而是将心灵一次又一次地梳理。茫茫大海的几个日夜藏着生命历程，而非结果。

海明威最终自杀，我想，那是他要的归宿，或许他就是那个老人，灵魂不灭，死亡只是另一种形式的存在。《老人与海》的故事就是海明威让自己心灵归位的巨大隐喻。

这很像清理房间。若你是爱整洁的人，看见房间被孩子搞得一团糟，一定不爽、愤怒、无奈，不过，很快你就会从这种情绪中走出来，在孩子纷纷离去后，放一首最喜欢的歌曲，反复循环，挽起袖子，准备大干一场。

你会碰到许多难题：被打翻的牛奶正滴滴答答地顺着餐桌往下流，所有玩具凌乱不堪，新书封面皱成一团，小板凳扔在沙发上，床上横七竖八地躺着臭袜子和脏兮兮的鞋，花瓶倒了，两只碗被摔碎，脸盆里多了些面包屑和薯片……够了，你只管穿上围裙，拿起抹布、扫帚、拖把，去捍卫心爱的房间。

一个钟头过去了，你擦了把汗，洗了手，窝在沙发里，冲杯咖啡。这时，你看到了不一样的房间，而就在六十分钟前，房间里的东西还是完全错位的，现在我保证，无论谁进来，都会看到一个整洁的、明亮的、泛着光的房间。甚至你收拾房间时还找到了一条项链，这几天你正为丢失它而自责。你还从茶几下清扫出了一张旧相片，那时孩子才一岁，你抱着她满面骄傲，如今这丫头片子居然带着帮小鬼开始"扫荡"了。

第二章　进一步书写，探索各种负面情绪

听着音乐，你很满意：为所有物品的归位，为失而复得的项链，为孩子的成长，也为自己的付出。阳光斜斜洒进来，你伸了个懒腰，喝一小口咖啡，眼睛眯成了线。

别说我描写得唯美，你一定也有类似的经历，心情不好时清理整个房间，清理完后是不是觉得轻松许多？如果你依然反对，想到的还是愤怒、窝火、抱怨，那么，你真的需要像我描述的那样，清理一下房间。试试看吧。

我喜欢用这样的比喻描述心房的清扫：很多时候，念头就像凌乱不堪的房间，物品错综失位，这让你不知所措、焦虑不安，而你又找不到抹布、拖把和围裙，该怎么办呢？你有的，手中的键盘就是抹布，笔就是拖把，本子就是围裙，这些像《老人与海》中老人的绳索、渔叉、腰刀。来吧，开始书写吧。

我自己深有同感，很多文章都是这么来的，先挥笔在纸上倾泻，再取有感觉的几句，不紧不慢地敲出来，啪啪的声音像敲在心间。思绪随着手指的起起落落慢慢寻找着自己的位置，每个思绪和念头都变为一句话、一组词、一个字。为它们寻觅属于它们的位置，就像把散落在房间的玩具归位。

写好之后再去修改，我修改文字需要的时间要超过书写本身。我会用自己能接受的最好方式——修整，有的大刀阔斧整段砍掉，像老人的大鱼被鲨鱼无情摧毁，有的精雕细琢。

书写的真谛在于过程，在于打扫的每一刻，在于老人搏斗的每个瞬间。但你千万别把书写的内容彻底删掉，也许在将来的某一天，你拿出它们，仔细剖析，会发现珍贵的东西，就像当初那条失而复得的项链。

最后的步骤是加工和编辑，这个过程就是润饰、就是包装——取名字、画重点、分段、加粗、字体、颜色、配图、配乐。这个过程很让

人享受，像人窝在沙发里，一边抿着咖啡一边审视房间：那个陶瓷瓶需要再擦拭一下，效果会更好。不应因为事情烦琐就将之交付别人，久了你便会发现，化繁为简的过程是享受。

当这一过程结束，每个字都带着独有的温暖互相依偎，它们像珍珠一样被我串成项链，放在布袋里。我将布袋封口，放置在心中某个地方，这个地方便充实了，而装着项链的布袋，也归位了。

以上我分别用了《老人与海》、清扫房间、日常书写这三部分象征地告诉你，如何清理自己纷飞的意念。我想你一定懂得了，一个一个地找到心中念头的来源，再把它们一个一个地钉在属于它们的位置上，有前有后、有排有序，无论哪个念头冒出来，你都不会惊慌失措了。因为你知道它们是从哪儿来的，也知道它们就是出来透透气，不一会儿便回去，你已给它们找到了家，它们没理由在外游荡。信鸽完成了使命，会再次回到主人身边。

世间事万般皆有缘，没有没来头的爱恨，只不过它们彼此走散，你需要做的就是让它们归位。让心灵归位的途中，书写是非常值得你考虑的。

7

大家一起写,你会抵御内心的孤独

在我的心理治疗实际运用中,有一点引起了我的重视:不管求助者是为哪种困惑而来,比如工作瓶颈、婚姻危机、亲子障碍,甚至某些症状,比如强迫症、抑郁症、恐惧症,这些困惑和症状的背后都有一个相似的部分 —— 孤独感。

孤独感表现在多方面:有的人挣扎于梦想与现实的落差,有的人找不到前进的目标,有的人苦苦思索活着的意义,有的人感受到空虚,有的人对未知世界、对死亡有很深的焦虑。这一切都是孤独的不同表现形式,这些形式难以描述,它们不像诉说孩子几天不上学,或抱怨伴侣冷漠、自私那样有大量实例来佐证。孤独感难以描述。

孤独有很多种体验。

内心很深的地方渴望被理解、被懂得、被包容、被爱,若现实中没有遇见这样的亲密关系,就莫名地哀伤和无奈,这种感受就是孤独。

也许内心有个难以企及的梦想，渴望由来已久，甚至都忘了是怎样形成的，但总会感觉不如意，现实的残酷一点点吞噬梦想，曾经的斗志和动力在平淡琐碎中被逐渐消磨。

或许因为一个场景的触发，或许因为夜深人静独自一人，你感到莫名无奈和伤感，心微微一颤，那一刻，你的体验也叫孤独。

你时常感叹岁月流逝，看孩子一天天长大，心中有说不出的情愫、淡淡的忧伤和隐隐的惆怅。有一天，你端详镜中的自己，看见白发悄悄沾染了双鬓，那一刻，你体验的也叫孤独。

作为地球上的一种高智能动物，人类用了几十万年进化到今天，为维持种族的繁衍与繁荣，人类制造了众多符号，虽然有些符号看起来不像杯子那样触手可及，却真真切切影响着我们的人生轨迹。这些符号十分强大、有力，让人深陷其中，直至死亡。它们有的很具体，比如手机、书本、别墅、汽车、学校、医院，有的只是一个称谓，比如局长、教授，还有些符号，比如互联网、书里面的字、歌曲、运动会，这些都是一代又一代的人类设计出来的。

我们把一张张红红绿绿的钞票丢在羊群，或者放在草地上，羊和小草一定视若无睹，钞票根本没有价值。把它们放在原始社会，我们的祖先可能会把它们当作很好的燃料。但你我都知道，这些不是普通意义的纸张，它们可以换取食物、衣服、别墅，也可以换取酒精、烟草，还可以换取贪婪和罪恶。如此，这些纸就不再是一张张纸了。当人类集体给这张纸赋予了意义，它就变得无所不能，人类的命运也因此改变。同样，当"国家""职责"被赋予了某种意义，就变得至关重要，它们的价值甚至远远超过生命。

甚至你的肉体、你看见的自己也是某种符号，它像是灵魂、意识借用的一个"房间"。你终生奋斗，只不过为了满足这个房间的全部欲望。

而精神、意识、灵魂是看不见的，就像驻扎在你身体的某种气体。

当你像我这样思索，当你看到整个外部世界的本来面目，你一定会问全人类都在深思的终极问题：我为什么活着？又为何死亡？我是谁？此刻，这种体验也叫孤独。

你又问了，这和书写有什么关系呢？

当你的意识、思维游走了太空，回来时，你已变了——你的意识范畴和思维广度大大超越了原来。正因为你有孤独感，你才会本能地想去寻找其中含义，你会渴望一个懂你的人，会平衡梦想与现实，会拼命拖住时间的尾巴，也会让活着变得更有价值。而这一切，都是在试图寻求一种方法，以抵御无所不在的孤独感。心灵书写的神奇之处便在于此。

再次重申心灵书写和普通书写的差异，其实差异就在于一点：心灵书写是滋养和疗愈，一般书写是输出和消耗。所有主动写给外界看的文字（报表、报告、信件、作文、文案、朋友圈、公众号、空间、微博等等）都属于后者，从这个角度说，我们写的所有文章都属于这一大类。

之所以说是消耗和输出，是因为某种动机，这种动机往往是想让他人看见、看懂，里面包含赚钱、出名、升职、被理解、被安慰、被接受、被爱等需求，这样的文字一定是讨好、索取、牺牲、控制、迎合、付出的……互联网的便利性加大了人们的功利心，如追求十万加、评论、点赞、打赏、转发、阅读量、粉丝量等，导致书写会消耗作者的心血、精气神。即使那些所谓的自嗨也不是真正的、纯粹的自嗨，只要是发布在公众视线之中的，潜意识就一定希望有人看见，至少是需要特定的人看见。越是以书写为生的作者，如果没有适合自己的宣泄途径，书写就越消耗。因为他们写的字代表了赚钱养家、名气、地位等一切满足自我虚空的方式，不可否认会写出好作品，但整体而言，并不利于身心健康。

想想你少年时偷偷写下的第一篇日记吧,那种好奇、兴奋、愉悦、轻松的感受,再想想你为了迎合平台需要、生存需要、被认可的需要写的那些文章,带给你的感受一定不同。这就是不忘初心为何不被大多数人拥有的根源。

心灵书写也叫疗愈书写,指自己的文字写给自己看,不会让其他任何人看到。这样的书写完全不重视什么修辞手法和书写技巧,只是自我内心的思索和整合。

写完一篇日记和写完一篇发布出去的文章,对比感受,前者一定是长舒一口气,变轻松了,或在写的时候有诸多思考。你就像有了第三只眼睛,看见了自己,所有的不堪、羞愧、焦虑、恐惧、内疚都会跃然纸上,而不会在意任何人的眼光。这种书写可以释放负面情绪、攻击性、压抑等等,有助于能量输入,保持平和的心态。

比日记更有效果的是心灵书写,它可以治病,它和日记最大的区别在于:日记是用大脑写,心灵书写是用心写。前者注重思考,后者注重不思考,注重感受。

关于心灵书写,最最简单的是你漫无目的地在本子上胡乱涂,不用去管有没有错别字、语句是否通顺,记住:你有写出最烂的文章的权利。

心灵书写讲究的是不控制、不停笔、由心而发。反观自己写的字,你会觉得很诧异,好像不是自己写的。正是这些字带你回到内心最深处,让你更多地了解自己,从而达到整合、疗愈的目的。

我们知道了心灵书写有治疗作用,可以滋养内心,抵御孤独感。我已经教了你进行书写练习的一些方式、方法,本篇我要对你说的是:团体一起书写。

既然孤独如影随形，人们为何还要在这孤独的世界里深情地活着呢？很大一个原因是我们是同类。我们热爱祖国、为党献身、为高考努力，是因为我们不是一个人在战斗——庞大的群体产生了集体认同。虽然个人特质不容易被看见、个人意愿被暂时搁置，但与此同时，我们也不再感到恐惧和孤独。这就是团体的力量，当全世界和你一起迎接挑战，你便不再那么恐惧面对。

矛盾的是，此时又产生了另一种孤独：你周围他者和你区别很大。比如素食者不得不置身肉山酒海，喜欢宁静之人整天面对吵闹的同事、家人。你和周围人的差异越大就越孤独，这就是你觉得别人不理解你的原因。身边人千万却无一知己，你被隔绝了，像个异类，从而把身体蜷曲起来，陷入孤独的海洋。

于是，能遇到相似之人是人生幸事。其实，你一直在寻觅，而不论多么庞大的群体，其中一定会有小团体。若不信，你可以随便去一间教室，课间十分钟你就会看到三五成群的"同类"聚在一起，他们是从班级的大团体中自发形成的小团体。

心灵书写就是把你从大的书写团体中剥离出来。世界上书写的人很多，心灵书写的人很少，用书写探索内心和亲密关系的人更少。而我就是其中之一，我参加过各种书写团体，也正在带领书写团体，那种感觉是全新的、充满生机的，那是心与心真正重逢在当下，重逢在字里行间。

心灵书写有高度的相似性。大家不用语言，只是静默、静坐、静走，而后书写，再静默，再书写。空气中的沙沙声让每个人的内心交织在一起，每个人都在书写自己的生命故事，每个故事都浓缩了最隐私、最珍贵、最重要的回忆。团体中，我们每个人对生命充满热爱，对当下心存疑惑，对未来充满渴望与深思，对亲密关系力求更加轻松，对自己进行接纳、宽容、慈悲。关键的是，我们都是孤独的人，我们的孤独又是如此相似。

团体成员就是你的很多面镜子。正如你通过镜子看见生理上的皱纹和白发，你心中的皱纹和白发也需要被看见，仅仅是看见就会抵消孤独，若被理解、被懂得，那就是幸福和喜悦了。生活中你被某个人吸引，那这个人一定有你内在的东西，与你高度相似或高度互补，抑或是有你不接受自己的部分。但无论如何，他就像是镜子，照见了你。

团体成员很容易成为你的镜子，是因为你们有同样的目的，你们以同样的方式交流，不像外界的沟通是建立在互相诉说的基础上，人们都在让对方或多或少地接纳自己的观点。书写团体的成员不会，他们和你在一起，只为倾听你、陪伴你、用文字拥抱你。

每当你暴露脆弱，得到的不是漠视、逃开、压制，而是关注、靠近、温暖。你越来越有力量，你的字会看见你，团体成员的字也会看见你。这时，你也愿意接纳对方的内在小孩，最终彼此获得成长。

一面面镜子让你看见了立体的、饱满的自己，你的自信和自卑都被允许，优点和缺憾都被关注，你的每个字都像长了翅膀，飞进每个人心中。你更爱自己了。

大家一起书写会成为你心中的仪式。你们一起吃饭、睡觉、慢走、静心、冥想、朗诵、书写、反馈、对话，这一切构成了某种仪式，形成彼此心中独特的符号，蕴含着理解、力量、温暖和慈悲。

书写团体像是一个透明的、清澈的能量球，随着血液周身游走，滋养你的肌肤、心灵。这个能量球会随着你书写的深入越来越有爱，这份爱不仅存在于团体一起书写的日子，还存在于彼此分别的日子。每次你打开电脑或者拿出纸笔，它就会出现。它陪伴你走过每个春夏秋冬，会在你陷入困境时浮现，让你更关注自己。

其实，相似的人一起书写本身就是幸福的事儿，你若热爱书写，定会找到属于你的团体，彼此滋养、疗愈。就算你不想通过书写获得成长，仅仅就想发表，也不妨碍你约几个或几十个人一起，彼此探讨作品，相互提建议、给反馈，一起写同样的主题，讨论、分享心得和经验。这都是很美好的事。只不过心灵书写注重内心探索，日常书写注重现实欲望的满足。

8

这样写,你会更勇敢地面对自己

我要告诉你三个书写练习,这三个练习相互关联、相互影响,你不仅能够动笔书写,还能发现不一样的思路,看见自己忽略的情愫。

练习一:我知道

先写下"我知道",把这三个字写下来,就知道写点什么了,无论你知道的是什么,也不要管你知道的对不对,没有人评判你,只管写下来,最好详细点,可以是具体的事物。

你可以结合你的工作,你一定很熟练,没有人比你更熟悉自己工作中的技术要点了。假设你是维修工,可以这样写:我知道机器螺丝什么时候要打润滑油,我知道这个扳手的型号是什么,我知道这会影响机器运转,我知道那个齿轮的角度需要调整。假设你是骨科医生,可以这样写：我知道这并不需要手术，我知道是这样包扎的，我知道需要马上止疼，我知道膝关节的特点。假设你是全职妈妈，可以这样写：我知道宝宝最爱吃蒸鸡蛋，我知道这条床单颜色和卧室风格不搭，我知道这样安排才可以腾出时间看书。

好，不能举太多例子了，这些职业都不是我的强项。但你是知道你自己的，对吧？你知道如何落笔让自己更舒服。

对了，你可以不仅限于写"我知道某些具体事物"，这又不是小学生的日记，你更愿意写一些思想、念头、观点，比如：

我知道那天是我不对，我不该对儿子发那么大火。

我知道科长不是故意为难我，他也有难处。

我知道我这个想法（要把想法写出来）不成熟。

我知道他们故意做给我看，我才不在乎呢。

我知道父亲年事已高，不该和他顶嘴。

没人能阻止你的想法，写出来，把你知道的、想说的统统写出来，管他呢。你还可以写"我记得""我想说""我看见"。

"我记得"这个词特别好用，它帮你把过去拉到现在：

我记得那时我的酒量还挺大的。

我记得我第一次演讲时窘迫的样子。（当"我记得"和"第一次"相连接时，就是你在整理内心。）

我记得他原来很温柔呀。

我记得初中语文老师凶巴巴的。

我记得刚恋爱那会儿。

我记得父亲偷偷给我买的漂亮花裙子。

我记得女儿小时候好乖啊。

"我记得"的作用不仅仅是让你沉浸在回忆里，更关键的是重现昨日。往事在当下活了，会让你更关注当下的思索，用现在的自己去看曾经的自己，这叫反思。

练习二：我不知道

除了"我不知道"，你还可以写"我不记得""我不想说""我没看见"。这个练习让你的思维立刻不一样，会让你面对压力而非逃避，这条路径蕴含联想的力量。来，用纸笔唤起被遗忘的事件：

我不记得小时候父母那次争吵了。

我不记得爷爷去世那天我哭了多久。

我不记得这个戒指是爱人什么时候给我的。

我不记得上次流泪是什么时候了。

我不记得母亲骂我时我躲在哪儿了。

我不记得那算不算信任。

你还可以写：

我不想说初恋。

我不知道他是否还记得我。

我没看见那辆车撞到了什么。

很好，就这样继续写吧，听我的，你每个不记得、不知道、没看见的背后都是满满的联想。落笔那一瞬间，大脑正在快速搜索记忆、围绕每个字抒发情绪。

以上两种书写练习是意识和潜意识的相互交融。

第一种是"选择性强化"。为何你偏偏记得这些？为何此时此刻你想说这些？为何你这样描述而非那样描述？这是用意识强化选择的过程，相信在这个过程中你离不开思考。

第二种则试图松动你的"压抑"。作为一种基本防御机制，现代社会把压抑演绎得淋漓尽致，我忍不住想说一下压抑的基本机制：当一个思想链条给你带来痛苦记忆，你首选的往往就是压抑。压抑有三种基本形式，举个例子：真实情况是"母亲去世让你悲伤不已"。当事件和情感都被压抑，你就不再记得关于母亲去世的整个记忆，或整个记忆模糊不清；当只压抑情感保留了事件，你会清楚记得母亲去世的场景和细节，但并不觉得难过；当只压抑事件保留了情感，你会莫名悲伤，但并不会发觉悲伤和母亲去世有关。

其实情感隔离、合理化、理智化、躯体化、替代等等，都可划入压抑的范畴，在此不再展开。"我不记得""我不知道"这样的表达是敲门砖，叩开你压抑的大门，引领你探寻内在事件引发的情感。

练习三：我真正想说的是……

这一书写练习更有意义，用"我真正想说的是……"或者"其实……只是""事实上……而是"这样的句式能让你更加逼自己一把，让你直面内心。比如：

我真正想说的是我厌恶他给我的爱。

其实，我并不是拖着不做，我只是担心这样做又和原来一样。

事实上不是孩子需要，而是我自己需要。

…………

我想你看出来了，这个练习的重点在于面对自己的冲突，这要比前两个更有价值，因为这是个"三方会谈"：思想一、思想二、第三个自己。思想一和思想二是冲突的，你只愿意面对其中一种，而当你用第三种书写练习时，就不得不审视它们两个的战争。比如你一直以为这样做是为孩子好,你是个好妈妈,你给孩子无限的爱,但当你这样写的时候,你就必须审视"孩子需要吗"。这就是与思想一相反的思想二。一般而言,你不需刻意为之,就在你写下时改变已经发生了,这并不神奇,只是你从未试过。

这种方法要求你对自己真诚,不用披一件美丽的外套让别人看起来舒服。如果你经常有相互冲突的念头,却没有把它们写下来或者进行反思,那么往往会引发委屈、内疚、自责、怨恨的内部情绪。

我说的这三种方法都属于心灵书写练习,只是我没有让你的思想任意遨游,而是限定了一部分,用几个基本的短句给你设定了一个框架,这对于无从下笔、自主性不高、行动力较差的人特别管用。如果想发表,这也是独一无二的好素材,你仅仅需要补充一些例子,加进一些故事。

任何东西都需要练习,想想孩子学说话、学走路的时候吧,心灵书写也要坚持练习,学习一项技能总会跌倒,难能可贵的是你跌倒又爬了起来。补充一句,如果你练习时特别难受,可以停下来,去散步、喝杯咖啡,或看场电影……

我说过的,你要对自己慈悲。

9

这样写，你会扫描人生的重要事件

看《复仇者联盟》系列电影，看到所有超级英雄如数登场：钢铁侠、美国队长、绿巨人、雷神、黑寡妇、蜘蛛侠、奇异博士、黑豹、幻视……我想，这些超级英雄随便出来一个就可以拯救地球。漫威漫画公司的从《钢铁侠》到《复仇者联盟》，我全看过，我超级喜欢看科幻英雄大乱斗。当初《复仇者联盟3：无限战争》的票房在短短十一天内就突破十亿美元，这也说明喜欢这个系列的人太多太多。

《复仇者联盟》系列和《X战警》系列的很多部电影我都是在电影院看的，之所以如此喜欢，是因为电影凸显了英雄的含义：英雄是每个人心中不灭的希望，是人类世世代代信仰的集结。

荣格的原型理论想必大家并不陌生，我最热爱的一个原型就是"英雄"。英雄原型都有着相似的人生轨迹，他们命途多舛，童年历经坎坷，经历了大量丧失、分离、暴力和虐待，成年后颓废不堪，在早年阴影下艰难生活，在平凡岗位上痛苦生存，落寞又窘迫。

就在他们的人生强迫性地重复进行时，他们往往会被动地卷入大灾难，他们不知所措、忧伤、恐惧，后来慢慢适应，过上了一种刺激惊险的生活。他们的行为关乎人类的生死存亡，这也让他们心生强烈的使命感。这才是英雄真正想要的，曾经的一切只不过为了等待这一天。

随后困难重重、险境丛生，各种恶魔、黑势力对英雄进行围剿，而后会有一个智者指引英雄。英雄历经千辛万苦消灭恶魔，也偿还了心中魔债，最终返回人间，重新成为平凡人，内心却已无比强大，隐居在寻常巷陌，人类有难随时出击，救赎众生。

以上就是我总结的英雄基本的人生轨迹，几乎所有超级英雄电影、英雄童话故事、宗教信仰中的一号人物都会经历与之类似的轨迹。

再次总结英雄轨迹：不幸的童年、人生转折点、自我救赎、克服巨大困境、智者指引、悟道、回归、普度众生。这一篇我想让你书写的，正是如此，你就是自己的英雄，无论外在有多平凡，心中一定有个英雄在指引你、召唤你，你也会经历上面这些阶段，虽然你不能拯救地球，但你可以自我救赎。细细寻味你正处在人生轨迹的哪个阶段，你经历的人生大事有哪些，把它们写下来，然后辨认你心中的英雄原型。

无论什么流派的心理咨询师，开始时都会做同一件事：收集资料。我不喜欢这种官方说法，我更喜欢说"生命故事"。来访者会讲述自己生命中的一个又一个故事，有人一开始就讲述，有人几个月后才讲述，有人甚至不会讲述，而是演示给你看，会把咨询师当作生命故事中的某人自然展现出来。

生命故事至关重要，它是你成长的轨迹，无论你是否记得，都已经发生。能够记住的大事件都是你必须要面对的。只有把自己整个生命的故事集结起来，挖掘故事中的闪光点和黑暗面，才能把握其中奥秘，探索源头，这才是英雄要做的事。

你要把这些书写下来，而不只是在脑海中浮现。此刻，书写就是你最触手可及的"智者"。有三条线，你可以照着书写。

第一条线：按生命自然规律书写。像这样：

1983 年，我出生在偏远的农村，重男轻女的父母不喜欢我。

1989 年，最爱我的爷爷去世。

2001 年，我不得不辍学，第一次去南方打工，觉得好孤单。

2005 年，我遇见了最爱的人。

…………

第二条线：按记忆浮现的顺序书写。像这样：

上周三，我再次搞砸了领导交给我的任务，这样的事已经发生很多次了。

三年前我离婚，除了孩子，我可以什么都不要，只要能离开那个混蛋。我只要孩子！

我对孩子越来越没耐心，一个月前我动手打了他，他哭了半宿，我心疼了好几天。

最要好的同学出车祸去世了，我觉得人生就是个玩笑。

记得我大概七岁时，父母吵架，爸爸把妈妈打倒在地上，我吓得不敢喘气。

…………

第三条线：最痛苦的事和最快乐的事。像这样：

八岁，妈妈给我买了件花裙子，我超级喜欢，睡觉都不舍得脱。

我和哥哥吵架，爸爸不分青红皂白打了我。

大学四年是我最开心的时候，远离了父母，收获了爱情，初恋给我真实的关心和温暖。

离婚后我再没见过女儿,我非常非常想她。

……………

以上三条线都可以,但请注意以下诸条:

第一,书写的时候也是整理记忆的时候,不需要严格核实那时候你多大,只需关注当下的感受,也不需辨认记忆是否有偏差,你觉得是,就真的是。

第二,有些记忆可能是听别人说的,没关系,重要的是别人说了,而你信了。

第三,不要管生命故事是否不值一提,对你来说那是最重要的,世上没有任何事比它还重要,超人拯救银河系也不如你的故事重要。

第四,写每一个生命故事时,出现的任何情绪也都写下来,以上我只是举例说明,只是提纲。你的生命故事藏着最深的情愫,书写时的感受最重要,不论委屈、愤怒、伤心还是怨恨,都写下来,就写在事件后面。

第五,若你有躯体反应,比如胃疼、哭泣、发抖、出汗、发冷、头晕,要暂时停下来,深呼吸,双手抱着自己,就像抱着那时候的自己。

第六,若你没有任何情绪,就问问自己:自己是从什么时候开始没感觉的?自己真的爱自己吗?自己考虑过自己的需求吗?自己是在过为了让别人满意的生活,还是自己真正想要的生活?之所以问这些问题,是要让你辨认自己的情绪丢失多久了,丢失是因为你没有为自己而活,你在为内心的那个标准而活,那个标准真的是你的吗?是谁给你的?

第七,凡是你写下的故事,都要尽可能展示细节,不要和我的提纲一样,要尽可能回忆这件事是如何开始、如何进行、如何结束的,每个阶段都有怎样的细节,针对这个点你还能想起什么,为什么会想起这些。

你会发现，一个生命故事会无限展开，像是自己的地图。看着自己站在生命地图的那个位置，你在那里的感受好吗？如今你又是怎样的体验？假设你现在三十岁，当你安静地写下三十年的生命大事，你就正在跳出三十岁，整合过往，你就正在扫描自己的人生轨迹。这个过程本身就有疗愈作用。

心灵书写就是如此，它包含了心理治疗的许多因素，是探索自我内心地图最有效的途径，而且再简单不过——只需一支笔、一个本子或一台电脑。

正如我一开始所说，书写的过程就是英雄面对恶魔的过程，当你与恶魔战斗，你就是在自我救赎，这个过程少不了智者引路，这个智者就是能看到你原本的样子，愿意带你走向心灵深处的人。

愿在自由书写路上的你，披荆斩棘，早日回归。

学员书写练习：我生命中的大事件

作者：vera

我，女，1985年生，现在是深夜十二点半，本打算关机睡觉——明天要参加女儿的幼儿园活动，可我却坐在电脑前敲下这些文字，我的丈夫正在隔壁房间呼呼大睡。

一、幼年的我

三十多年前，我在一个闷热、充斥着蝉鸣的九月出生了，父母都是四十多岁才结婚，初为父母，他们视我为掌上明珠。

遗传了爸妈温顺性格的我反应慢、运动神经差，跟性情开朗的表哥表姐比就是弱鸡，小时候总被舅妈嘲讽没用。我妈是个老好人，从来不反驳，只会附和着说："是啊，我们这孩子太老实，没用。"所以，童年的我显得不如其他孩子机灵聪明，总是木讷胆小、生涩敏感。而且幼儿园的老师非常凶狠，这让我更加自卑胆怯。

但我灰暗的童年有一束很亮的光，那就是我爸爸。他对我百般呵护，总是毫不迟疑地表达对我的爱，经常说："你是我的心肝儿！别人好不好关我什么事？你好才最重要。"或者说："你多漂亮呀，樱桃小口，黑亮的头发，我女儿最漂亮。"他经常陪我玩各种游戏，我再任性他也宠我、包容我。到现在我还记得小时候一家三口睡在一张床上时心里的那种安全感、满足感：我睡在爸爸身边，说说笑笑，渐渐睡着。

二、初中的我

就这样，我渐渐长大，度过了经常被欺负的幼儿园生活，到了小学。小学老师不好也不坏，我也渐渐有了些许朋友，性情略开朗了些。

初中，我进了一个远近闻名的"流氓中学"。在那里，我跟一个好朋友倔强地对抗班级里的恶势力：当时所有的男生，不听话必定被揍，还得交保护费；所有女生，漂亮的被整得很惨，有一个品学兼优的女生因此差点崩溃。当时的我们，要么被恶势力压迫，要么也学坏、谈恋爱。

在那几年，我见识了人性更丑恶、残忍的一面。我曾一度认为生而为人，生存就是弱肉强食，而生活，不是忍就是滚。

我变得浑身带刺，平时一副文文静静、好学生的样子，一旦被惹到就会破口大骂，甚至动手。有一次一个男生总是惹我，我直接扑上去，想揍他。"流氓头子"也拿我没办法，只能搞些小动作，背着我偷偷扔我书，踩我椅子（好幼稚）……

当时班里有几个男生喜欢我，为我挡了好多灾，其中还有一个是"流氓二把手"。现在回头想想，竟然有种"乱世"里的小幸运的感觉。

三、高中的我

熬过了混乱的初中生活，我迎来了明亮的高中生活。高中生活是我学生生涯中最开心的,同学素质明显高了,在那里我终于可以收起浑身的刺,心情舒畅地读书了。

在高中,我有了一群搞笑的朋友。班里的女生难免拉帮结派,我和要好的女生一帮,一共七个人,算是当时的大帮派之一,人多势众,自然没人敢招惹,倒是有些肆意妄为了。我在群体里算是比较活跃的那种,因为我说话幽默,所以总是负责搞笑,大家都很喜欢我。

现在回头想想,那真是一段青葱岁月啊,充斥着小女生之间热气腾腾的小心思,还有没心没肺的笑声。

四、大学的我

高三时因为一些原因,我高考失利,考进了一个三流大专,学物流专业。那是我妈帮我填的志愿,当时我也不知道自己适合什么、想干什么,就这样稀里糊涂地进了那个学校。

那个学校的学生有一大半是中专技校考上来的,素质只能用差来形容。所以,我整个大学没什么朋友,后来大二交了一个朋友,还是为了不落单,没办法硬凑的。

我看不起他们,真的,那些男生没一个能看得过眼的,整天没本事就会耍帅,女生之间天天都有小心机,要么她们就是谈着凑合的恋爱。

那种生活是残酷的、无趣的,这种认知涌上我心头。

五、毕业后在第一份工作中苦苦挣扎的我

从三流大专毕业的我开始找工作了,本来想着终于能摆脱大学生活了,可毕业生当时真的很难,我们就像一头头自我定位很低的猪,被匆匆送上了屠宰场。

我的屠宰场是鼎鼎大名的五百强外企,我在里面做物流,虽然是派遣员工,但我已经很满足了。进去后我发现,我这个大专生几乎是办公室员工里学历最高的了。

我发现，我只要碰到周围人素质比较低的环境就会浑身难受，初中、大学皆是如此。第一份工作也逃不掉，公司里大半以上都是男人，我硬着头皮听他们吹嘘自己泡妹、出轨的事迹，恶心得像吞了只苍蝇。

我倔强的劲头又来了，总是忍不住怼他们，他们也联合怼我，我就锲而不舍地怼回去，期间也产生了奇怪的暧昧。

这是我的第一次社会体验，我就这样忍了两年。当时我天天回家抱怨，说不想干了。但是我亲爱的爸妈，我老实巴交的爸妈，一如既往地劝我忍耐。为什么呢？因为他们从来不想改变，在他们的认知里，心情不好算不上什么理由，到哪里都有这种人，逃不掉的，所以你就认命吧。他们自认为很成熟，其实是胆怯。

当时的我很迷茫，我已经太久没看到美好的东西了，对社会很绝望，不想谈恋爱，对找男友很排斥。

六、跳槽救了我

后来终于忍无可忍，我跳槽了，历经波折进了第二家公司。这家公司也是五百强外企，刚进去我就碰到了变态的培训师，整个培训期间被气得哭、被折磨出胃溃疡。但我心中只有一个声音：我要留在这里。

我如愿留下，在这家公司做了整整六年，整个人生观得到了改变：原来社会不是之前那些男人嘴里说的那么肮脏不堪，原来女人不是只会咒天咒地骂婆婆的，原来男人也不是全都出轨、不忠的，原来工作的时候是可以这么快乐的。

上晚班时，大家相约带好食材，一起煮火锅，吃饱喝足后一起看综艺，一起大笑。有工作了，大家一起分担；深夜开个小夜灯，大家一起聊天；早上一起出公司，去看早场电影，一起疯玩……

原来生活要靠自己体验，自己争取，千万不要被别人嘴里的经验吓住！过来人再多的苦口良言也只是他们的经历，不是你自己的。每个人的生活都是不可复制的!

七、感情中的我

高中时我有一段青涩的恋爱,对方是我的同班同学。他是典型的文艺男,感情细腻丰富,当时我觉得他很成熟稳重,又很照顾我,我喜欢照顾我的男人。上了大学后我俩聚少离多,我觉得他学了艺术专业后简直成了不食人间烟火的怪家伙,于是我俩吵吵闹闹,最后幼稚地分手了。当时年轻,无所畏惧,也没多想。我这人在感情方面一向头脑简单,比较"女汉子"。

大学里,我觉得学校里男生的质量实在不行,就跟一个刚从交大毕业的男人谈了两年的网恋,他是射手座,建筑工程师,我觉得他结合了理科生的理性和文科生的感性。他有趣、有料,我们俩无话不谈,还经常在不同的地点没有预兆地同时跟对方说同一句话、听同一首歌、做同一件事。我喜欢他,从心底里欣赏他。他那时也喜欢我,用他朋友的话说,他一说到我就眼睛发亮。

可再美好的爱情也会出现矛盾,我还是一如既往地像个"女汉子",开始都是他道歉妥协,后来他开始不服。于是又开始了吵吵闹闹,我吵架喜欢放狠话,最终我们俩的关系就在我的狠话中结束了。

当时我的恋爱观改变了,我以前希望自己能找个灵魂伴侣,心有灵犀的那种。后来却觉得一切都是过眼云烟,找个对自己好的经济适用男就够了。没那么喜欢就不会心痛了。现在想想,当时的自己是多么幼稚、不负责任啊!

接下来就是第三段恋爱了。我做物流时,有一个理工男——我现在的老公——在追我。其实也不算追吧,这个家伙没有追女孩子的胆量。他是那种很木讷的直男,平时在QQ上跟我尬聊。他不会聊天,但绝对识相,随叫随到,我不耐烦了他就不聊了。当时我在物流公司上班，心情很差，就在QQ上发泄，他总是听着，然后附和。

他说不出让我开心的话，但就觉得有个人在身边挺安心的。后来我换工作，他把积累了两年的年假请光陪我去面试。当时的我心情沮丧，他的存在给了我很大的安慰。

后来有一次，给我介绍工作的猎头说喜欢我，可他正好是我不喜欢的类型。我对他说："你不许喜欢我。"他却说："我最喜欢你霸道的样子。"我当时立刻想到了我现在的老公，就跟他说我有男朋友了，他直接呆住了。然后我就在QQ上逼我现在的老公表白……

我正式跟他谈起了恋爱。怎么说呢，其实很乏味，因为都是我带他玩，毕竟他是宅男。后来我才知道他不喜欢热闹，人一多就浑身僵硬，但他一直忍着。

后来我们有了矛盾，并且跟他的矛盾比和之前男友的矛盾都严重。其实他脾气很暴躁，有点不顺心就会自残，以前一直隐瞒。而且我们没什么共同爱好，性格又南辕北辙，我想分手，他就哭着求我，说要娶我，还承诺把婚房买到我父母家附近。

我妈这时候又发挥老好人精神了，真是实力坑女儿，觉得人家男孩子哭得可怜，就让我给他时间，说结婚了会改的。

我那时二十七岁了，不想折腾了，很纠结、很犹豫地进入了婚姻。婚后我们有几次爆发，因为一点小事，但我也不能跟他争执，否则他就会用头撞墙、砸东西。我吵着要离婚，他怕了，父母都劝我给他时间改。

慢慢地，他的自残行为没了，对我也挺好，我这才怀孕生了女儿，做了全职妈妈。从全职带娃到现在已经好几年了，其间我全心全意学习怎么带娃、理财、投资房子、写亲子文章、画漫画……自认为做得不错，也赢得了周围很多朋友的赞赏，不过他不以为然。他这人一向悲观，全然看不到我的好。

女儿出生后，他一开始很积极主动地带女儿，最近一年对女儿不闻不问，对我也不怎么理睬。我一般会强行跑到他身边和他聊天，我这人话多，一天不和人聊天就憋得慌。而他是希望别人最好别说话，自己可以安安静静地看手机。

其实，在跟他的关系里，我一直都不舒适，我们两个人的性格相差太大，我内心一直有声音告诉自己要离开他，可婚姻大事并非儿戏，我妈明确说不要任性离婚，否则她要少活几年，所以我一直忍着。我知道他也不好受，他说他在婚姻中也很煎熬，他住在我家，每天下班后躺在房间里什么事情也不做。他不快乐，我也不快乐。

我的命运会何去何从？几年后再回头看这篇文章，不知会是怎样的心情。

冰千里：

一口气读完了你的字，就像读完了你的人生，给我的第一感觉是：力量。没错，是力量！你心中有一团火，熊熊燃烧着，所有阴霾都会被火焰吞噬，最终留下一片湛蓝色的天空。

我想那股力量来源于你父亲，他把那种毫不掩饰的爱给了你。父亲的爱多么强大啊！爸爸表达了爱，这在大多数家庭中实属难得，而且这份爱被你内化为安全、抗争、勇敢。

大多数男人难以走进你的内心，他们很难看到你内心柔软的、脆弱的一面，你外在强大的保护伞足以拯救许多怯弱的男人心。

谁不渴望一份懂得呢？有时，在很深的位置，会有很深的渴望，那个地方不能碰，你也不允许一般人染指，除非是和你灵魂交融之人，否则，会疼。遇不到，就封存。你们之间的距离有多远，就有多孤单。

一切现实源自内心，一切关系都是自己和自己的关系，所有的勇敢和坚强背后也都有柔软与辛酸。愿你温柔对待自己，几年之后再次看到自己的这篇心灵书写，定会从容、无悔。

第三章
用书写察觉内心深处的需求

1

跳出自己、反观自己，写下来（1）

爱思考的你不可避免地要面对这几个问题：我是谁？来自哪儿？要去向哪里？这些不仅是留给哲学家、心理学家和作家思考的问题，也是每个人若想活得有意义就定然要思索的主题。前面我就这个话题的两个面向做了详细的书写练习，去除了生存的两个最基本要素——社会身份和关系，让你面对赤裸裸的自己。

这一篇，我教你在更广阔的空间观察自己。古人的智慧朴素又深刻，他们不经意的诗句和谚语就可以点破玄机，比如"不识庐山真面目，只缘身在此山中"，又比如"当局者迷，旁观者清"。很多时候，困扰你的并不是事件本身，而是身在其中的自己。你要暂时跳出身体，站在自己身边，看着自己、感受自己，最重要的是把自己的观察写下来。

人的能力分很多种，其中一项就是自省、反思，这是基本的整合能力,需要暂时离开当下,跳出感受、反观感受,不管感受如何,都意味着改变。

心理咨询师常用这样的引导语:"你怎么看这件事情""你在想什么""谈谈你的感受吧""和我一起聊天你觉得舒服吗",以暗示来访者跳出自我意识,以第三者的身份看待自己。这会增强来访者的反思能力,也会提升他们的自我把控能力。有人对此很懵懂,不明白咨询师想让他做什么,也有人不用咨询师引导就可以主动反思并讲出来。前者需要重新建构觉察力,而后者需要走入内心更深处。

心灵书写很大程度上就是这种引导,它让你用写下来的方式抵达内心,一开始你的思考会很多,但随着练习的深入,非思考的东西就会呈现,这是由浅到深的过程。

来做这样一个练习:写下自己。

无论你现在在做什么,停下来,文章也暂时先别读了,去随便干点什么吧,用十分钟的时间。

回来了吗?现在,拿起纸笔开始单纯地描述你刚才做的一切。注意,不要用第一人称"我",要用你的名字,用第三人称,并且尽可能详细。我以自己为例,这样描述:

冰千里正在敲字,突然停下来,沉思片刻,抬起右手把书桌上的蓝色鼠标移动了一下,站起身,推了一下椅子,椅子有点重,他在移动时弯了一下腰。

随后,他透过宽大的玻璃窗看了一眼窗外。远方操场上正在举行春季运动会的开幕式,一阵激昂、动感的音乐传来,随即,穿校服的学生们手持着扇子从操场的四个角向中间汇集。

冰千里没再看下去,他往客厅走去,途中一株金边虎尾兰开得正好。他蹲下来，用食指摁了摁花盆中的土，眉头皱了一下，只见他快速走进洗手间，拿起绿色长把水壶，打开水龙头，水壶顷刻就满了，还溢出了不少水，流到洗手池里，发出哗哗的声音。

他拿着水壶径直走到金边虎尾兰前，水流顺着长长的壶嘴缓缓流进了花盆，不一会儿，生满了裂纹的泥土发出汩汩的声音。他笑了一下，把水壶放在花盆旁，走进书房，坐在了电脑旁。

这是我自己的练习，不知道你是否也在这样做，我把自己方才的十分钟敲在了键盘上，或者你写在了纸上，都很好。此刻你正在观察自己，就好像房间里还有一个自己在用心地看着你，看着你所做的一切。

仅仅是这样描述就会有两种感受：更专注了，也更珍惜当下。

可能没人关注你做的一切，那就自己关注自己！当你把它写下来，就会发现，有人在试图懂你，这个人就是另一个自己，这会让你感动，并得到滋养。

听我说，你只是直白地描述，不要有情感，也不要有念头，你只是在看自己的表情、语言、行动，看自己在做什么。或许你不能像我这样描述得很具体，但这只是我。我是我，你是你，你有权用自己的方式描述。

我让一个高中女孩试过这个方法，让她每天描述自己。一周后，她气色好多了，对我说："老师，我突然觉得好幸福。"不用羡慕她，你也可以做到。道理很简单：你已经好久不关注自己了，无论是身体的，还是心理的。

用同样的方法描述你的伴侣、父母、孩子吧。什么也不用说，把手机关掉，静静看着他们，一开始可以五分钟，以后慢慢十分钟、三十分钟，把你看到的记录下来。

第三章 用书写察觉内心深处的需求

去练习吧,别把自己的观点灌输给他们,那只会疏远你们的关系。我知道你工作忙,也知道你无法集中精力,你可能觉得很无聊,但试试又何妨?反正我观察了母亲十分钟后,详细描述时流泪了。

很多人都在谈连接,你知道连接是什么吗?连接的基础是看见对方,先别管你是否能看见对方的内心,你要先看见对方这个人。你眼里都没有这个人的生物特征,如何能看到这个人的心理特征?就像你从来不在乎父亲脱落的牙齿和母亲的白发,又如何能看见他们的内心?

一个抱怨处于青春期的儿子很叛逆的妈妈用这种方法练习,她至今仍在坚持,并乐在其中。我也让她注意,要写出孩子的名字,不要写"我儿子",还是用第三人称描述。尝试练习一个月后,她给我发信息,信息内容是这样的:"老师,感谢你,你让我看见了陈某某,而不是作为我儿子的陈某某,他也在为生活迷茫。"看,就这么简单。

另外,不要事先通知对方,要静默观察,让他自然流露,你就像一个镜头,记录最真实的发生。过不了多久,半年吧,拿出你的"镜头",打开它,用心体会里面的每个情节,就像翻看别人的小说。我想那时,你需要用很大的篇幅来描述读你自己文字的感受。

我不得不再和你聊几句。所谓连接,是两个有力量的、彼此独立的人的相互滋养,所以前提是你要先看见自己。但这样就够了吗?不是的,你只是在描述直白的行为,最终我们要做的是提取情感。这是书写最好的素材,没有什么比真实记录更能打动人。最后,最重要的是你要去做。

2

跳出自己、反观自己,写下来(2)

跳出自己后,我再教你更进一步:透过外部描述,写下你的想法,并提取情感。

你知道的,人们最喜欢用的防御机制就是压抑,这是有效保存自体实力的好方法,并不是你所认为的疾病。我还要告诉你,你认为的症状和疾病其实都是自我保护的措施,你的潜意识很聪明,用这样的方式让你避免更大的苦难。潜意识让你重新审视自己,审视关系。

无论你是怎样找到我的,我一定不会关注你的抑郁、恐惧、强迫,我也不会像医生那样在你的病床上挂个诊断说明,上面写着号床、姓名、性别、诊断、值班护士、饮食注意事项等等。我只会尽可能地透过你认为的抑郁、强迫看看你这个人怎么了,看看你过得还好吗,你的亲人、爱人还好吗,还有这些年你是如何辛苦地走到我面前的。

"症状"只是个"事件",我要你做的,是看到事件背后的想法、情感。我会经常问你:"你此刻感受如何?"你若是回答:"老师,我觉得我可能抑郁了。"这是想法。"不知道。"你流着泪说。这是情感。"我很委屈。"你边哭边说。我知道,你此刻已经给你的情感命名了。

这就是不同面向的压抑造成的结果。压抑有三种:第一种,全部压抑,外部表现是遗忘;第二种,压抑了情感,外部表现是记得事件但没感觉;第三种,压抑了事件,外部表现很悲伤但不知为何。

这一篇,我主要针对第二种。我要让你试着用笔碰触事件背后的情感,哪怕只是冰山一角。还记得《跳出自己、反观自己,写下来(1)》中的直白描述吗?你试着描述一个事件,可以是回忆,也可以是当下发生的事。有位女学员是这样描述的:

"从小我爸很疼我,可能我是家里唯一的女孩吧,年龄又最小。有好吃的他总是先给我,每次出差他都会给我买好多零食和玩具。还记得有一次他送了我一个小泥人,小泥人的样子很可爱,笑得很开心,嘴角直咧到耳朵根儿,现在还被我放在书桌上。有一天,我大概八岁吧,记不清了,爸爸说要出门买个炒锅,后来听妈妈说他出了车祸,他的摩托车被压在货车轮胎下,他死了。出殡那天来了好多人,叽叽喳喳的很烦,我不明白为何要来那么多人。妈妈给我穿上白色的衣服,我不喜欢,脱下来跑到家后面的小树林待了一天,夏天时爸爸常带我来这儿捉萤火虫……"

可能你有些难过,当时这位女士就在我对面的远处,她写下来,读给我听,声音很平静,她根本没注意我眼角的泪水。读完后,她静静望着我,期待我给一个解释。

你知道的,压抑太强大,就会生生阻断了情感,甚至部分记忆,只保留模糊的事件和一些想法。事件很清晰，就是她的描述。想法也有，比如"可能我是家里唯一的女孩吧""我不明白为何要来那么多人"。但最重要的情绪丢了！爸爸的死亡对一个八岁的女孩来说是不能承受之重，以至于她忘记了哭泣，感觉爸爸还没走，还会给她买好多好吃的。

事情远不止被阻断了情感这么简单，事实上，这位女士至今未婚，她不愿意见任何相亲对象，对男性有恐惧，每次来我这儿都要坐得离我很远。

在半年的时间里，我用了很多办法靠近她，其中心灵书写是很重要的一部分。我让她写所有和父亲相关的话题，不要停笔，从三天十分钟到一天半小时。她写下了看着父亲的照片、听母亲讲述父亲、梦里的父亲、父亲的所有遗物、那个小泥人儿。我还让她写那片小树林、捉萤火虫的细节、父亲的摩托车、父亲带她去的每个地方……

半年后的一天，她正在椅子上写着，突然一滴泪落在纸上，紧接着"哇"的一声，短暂尖锐，像是吐出了什么，而后泪水冲破闸门奔涌而出。她的哭声可以用惨烈形容，仿佛要震碎墙上的挂钟。

我知道，她醒了。

最爱的人死了是什么感受？没有感受，是的，没有感受！上天没有发明一种抵抗力让你能即刻承受痛苦，但上天会让你用时间抚平伤痛，只要你没放弃。

这就是心灵书写，当然，它也会结合精神动力等主流疗法，所以我要让你学会辨识事件背后的想法与情感。

来，这样练习：拿出张纸，分成三栏，分别在每一栏的顶端写上"事件""想法""情感"，然后写下近期的某件事。比如："周日晚上孩子写作业慢吞吞的，我吼了他。"这是事件。

"我觉得他总是这样。""这会影响休息。""这会养成不好的习惯。""我这是为他好。""我觉得他有点委屈。""这会影响接下来的期中考试。"这是想法,都写下来。

"情感"一栏写什么呢?这很重要,要写直接的情绪。有可能是内疚,说明一下,内疚是因自己做的事让别人受伤害而引发的一种情感;可能是愤怒,这是一种攻击,可能转向外也可能转向内;可能是悲伤,这是一种无奈;也可能是自责——攻击性转向了自己。

原谅我这样理性地分析情感。情感是无法描述的,不管是用语言还是文字。但为何还要写下来呢?因为要命名,你要知道内心发生了什么,而不是像只无头苍蝇。同时,人的情感瞬息万变,你开始只需要抓住一个主要的即可。

如此下来你会发现,整个过程清晰了、饱满了、立体了,你正在跳出自己、反观自己,而且这并不仅限于事件本身。请注意,不要去评判它,情感没有对错,写下来是为了让你看见,让你知道它此刻就在,就像"噢,原来我在伤心"。

而且,你会发现,让你有情感的不是事件,而是想法。想法一定有对错之分,这受自己经验的影响。你觉得他有些委屈,可能自己会内疚;你觉得他会养成坏习惯,这可能会让你愤怒。所以,你需要改变的是想法,也就是认知。这个范畴很广,你的经验可能来自社会的普遍意义,来自攀比,来自你的需要等。

你可能会写很多,但一定要按照这样的顺序写。或许你没有想法,那你的行为就是没有意义的,很大程度上你的想法被压抑了;或许你没有情感,或者有一股无名火,那你很可能没看见自己的需求。但不管如何,只要你写了,你就在改变,这毋庸置疑。

海明威的作品我很喜欢,我常常被他简短有力的对白打动。为什么?因为他的无意识让他的字饱含情感。这是很好的,这需要功力。目前,你还不具备,要刻意去做,要先把它们分别对待,就像学功夫,你要学吐纳、学招式、学运用……时间久了,才可以融会贯通,一气呵成。

因此,你需要跳出来、反观自己,看自己经历的事件、想法和情感。

学员书写练习:我这样看着我自己

作者:三丰

他回顾了今天经历的事情,高兴的、包容的、理解的、害怕的、理性的、放松的……有很多很多,他敲打着键盘,盯着笔记本电脑,一字一句地写着。

说说今天想到的害怕的事情吧:他幻想出了一个场景,场景里的他躺在床上,抬头看着天花板,他的母亲坐在旁边。这个画面是定格的。他害怕的是,在现实和幻想中搞错了位置。他其实更害怕他会为了让自己醒来而做出让人无法预料的、痛心的事。他回头想了想,其实,这种幻想有很多种方式。他理智地思考了一下,"其实无所谓现实与幻想",他告诉自己。

他开小差了,挖了一下自己的鼻孔,看了一下冰千里老师发来的消息,上面写着"要问候一下我们内心的小朋友"。他继续敲打着键盘,说着他对自己想说的,他说他能够包容很多东西了,虽然还是面临着挑战,但他能接受,他说他自己成长了很多,有点高兴,有点喜悦,有点想分享。

刚刚,他脑海中闪过了一丝恐惧,他还是担心自己无法接受,他接着告诉自己:"不用怕,你一定会接受所有东西的。"他想起来他每天早上要读的生命意图：我叫三丰，我是接受，我要用我的温暖与爱撒下开心的种子，让每个人接受所有的拥有。

他的同事刚刚进来，说了一句"外面还在下雨"。他看了同事一眼，同事打开了空调，嘀、嘀、嘀的声音响起。

他立刻不知道在想什么，进入了一种无意识状态。他警觉了一下，努力回想刚才在想什么，他始终想不起来。"嗯，"他告诉自己，"算了，不想了，算了。"

他突然感到强迫性思考要回来了，他已经学会了坦然面对和释然，在强迫思考即将来临之前，他不跟它斗了，我能感觉到他的一丝兴奋和喜悦。他笑了一会儿，回想了一下我和他的对话，他想起了以前，陷入了回忆，他立刻又清醒过来。他突然警醒：进入这种无意识状态可能就是陷入某种回忆。"嗯，一定是的。"他告诉自己。

他接着想起，以前有人告诉他："你看，那个人自己跟自己说话，是不是有病啊？"他突然明白了什么，其实自己跟自己对话叫作独处。这种独处，其实更像是一种交流。他突然意识到，其实他本身没有任何问题，只是受到了别人的影响。

他感觉眼睛有一丝疲惫。眼睛，他看着"眼睛"这个词，想起今天列的计划，他想起来，告诉自己："列了计划好像生活被机械化了一样。"他体验了被计划的一天的生活。

微信的提示音传来，他拿起鼠标，点开、看消息。突然，他想起来他还在做事，也想起来一些曾经让他害怕的事情，不过也就那么一瞬间，随后他就忘记了。

他在心里叹了一口气，点了点鼠标，抠了抠有点痒的脸，他想起来今天还要做总结，他说："就把这篇文章当总结吧。"

他看了看写下的字，发现了混乱，也发现自己的生活好像也是这样混乱。他想弄得有条理一点,他又看了看文字。还是想写下点什么,但他忘记了,他敲了敲头,脑袋一片空白。

他忽而想起"独立"与"依赖"这两个词,想起冰千里老师,想起他略带磁性的声音和让人备感亲切的感觉,他还看到了一匹马。

冰千里:

三丰,你看,你就这样跳出了自己的身体,看着脑海中的他们。他们如何争辩、恐惧、混乱,都正在被你看到,不是吗?

执迷于想法中的你是哲学家,每一个念头都超越了平淡和琐碎。那些念头就在那里,来来往往,而你注视着它们,仅此而已。

没什么幻想,幻想就是现实;没什么现实,现实也是幻想。很多人并不懂,但你懂。

想法和人一样,流浪久了,难免孤单,你要做的,也是你正在做的,就是给这些想法正本清源,找到它们的家。

3

写下你的梦，它会给你本真的指引（1）

你的梦是书写最好的素材，也是探索内心最好的素材。

在书写通往疗愈的过程中，始终有个绕不过去的关键——梦。这一篇我要告诉你，你的梦是何其珍贵，梦是潜意识指引你的魔法棒，让你审视心灵无尽的海洋，忽视自己的梦就是逃避自己的内心。

巧合的是我昨夜做了个梦，它像是冥冥之中要成为这一篇的一个素材，我把它记了下来：

我开着一辆旧旧的汽车行驶在路上，马路很宽，视野开阔，周围都是山。车前盖上有四个男人，两个坐着，两个半躺着，压得车子行驶的速度很慢，但我没有不高兴。我好像要带他们去某处。视线被遮挡了些，其中有人说："我这样坐可以吗？"我觉得还行，就是感觉很重。

场景转换了，有个男人骑着车冲下了山，车子摔烂了，他居然没有摔死。他浑身是伤，怒气冲冲，还骂骂咧咧的，准备从山下往上爬，目标就是我所在的位置，因为我这里是安全的。我本想报警，心想这种事不能袖手旁观，但见他往上爬很有力量的样子，就没打报警电话。

我环顾四周，看了下地形，他选择的路径很难爬，于是我就告诉他去另一条路，那里虽然远，但很安全，可以直接走台阶，不像他选的路坑坑洼洼的。他听了我的话，去走另一条路。他刚踏上那条路，那条路就不是原来的样子了，阶梯变成了圆柱状的很滑的石块，他一下滑到了背面，掉下悬崖摔死了。我很惊讶，过去一看，那里的石块像钟乳石一样又湿又滑，我赶紧小心翼翼地走开，怕自己摔下去。我看了一眼，悬崖真的好高。我倒吸一口凉气，心想：那个人真倒霉。

我回去查看，虽然他一开始往上爬的地方有乱石块和杂草，但当时他已经快爬上来了，也并不艰难，只是他听了我的建议。我突然觉得很可惜，又觉得惊险刺激。

以上就是我这个梦的全部内容，我醒来时是凌晨四点多，这个梦让我感到很好奇。

我认真分析了自己的梦，分析时大脑涌入了大量联想和记忆，以及当下自己的状态。我很清楚，车上的四个男人、后来爬山的男人、梦里开车的我、提建议的我都是我内心的不同意象。换句话说，他们都是我。你是做梦的人，那么梦里的一切都是和你有关联的，你既是导演，又是演员，里面所有角色都是你内心的投射。

这个梦也有很多种理解，但有一点我是肯定的：我正面临一个抉择——走哪条路。有时候看起来安全的、顺畅的、好走的路不一定是我们想要的，若被表象迷惑，很容易掉落悬崖。而一开始自己选择的路尽管比较艰难，但那是自己的初心，也是最开始认为能够实现自我的有效途径。既然选择了，就不要轻言放弃，你离目的地只隔着几块石头和几把荒草，没必要选择另外的路。

现在我只想呈现这些，我的解梦很多面，其中有两个我很在意：一是刚才的自我分析；二是我没想通的，关于我没想通的，我会找自己的咨询师，让她帮我看看还有哪些含义。

说到这儿，你应该十分清楚这一篇的主题了——珍惜你的梦，像珍惜宝石一样珍惜它，并将之写下来。之所以让你写下自己的梦，是因为梦有以下意义。

梦是另一种现实

我经常思索什么是现实、什么是梦。梦里的你并不认为这是梦，它如此真实，所有一切不是虚幻，你会在梦里有所经历、有所体验，那种感受如此真切。假如你不会醒来，那么梦就是你的现实世界。现实是另一种梦，你死去的那一刻就是你从梦中醒来的那一刻，你整个人生历程、离合悲欢只不过是一场梦。所以，梦是另一种现实。白天的你过着现实的生活，夜晚的你也在过着现实的生活，他们平行存在于生命中。这不是唯心，只是参照物不同，视角不同。在精神病人眼中，你就是精神病患者；在醉酒者眼中，是你醉了，"众人皆醒你独醉"。

梦是心灵深处给你的指引

在古代，释梦者就是国王、主帅的一面镜子，他们享有崇高的地位。梦也在很多著名的战争和权位之争中扮演了重要角色。时至今日，解梦是精神分析流派重要的心理咨询技术，科学地解梦能洞察一个人的人格，经典的梦境具有深远的启示，像昨夜我的梦一定会让我反思，也会让我在面对现实的抉择时更加理性地判断。值得一提的是，梦的内容只是表象，梦就像一个谜面，解梦的过程就是心理咨询的过程，解完了的梦才是谜底。

感恩我的工作能让我接触大量的梦，但我很少完整解梦，除非对方真想拿出整个咨询的时间来解梦。解梦时，我会把梦融进对方此时此刻的状态，进行有针对性的启发，让做梦者产生某种领悟。比如一位来访者朋友叙述的梦："我看见我死了，看不清头部，我就在我旁边看着，我的脚上穿着一双漂亮的护士鞋，我就那么跷着腿，脚下还踩着一双死人穿的那种鞋，那鞋做得很精致，我并没有多么害怕。"

这是个简短的梦，也是她告诉我的三个梦中的一个，我认为这个梦有很强烈的象征意义，于是我们简单探讨了一下。我认为她的一个联想就是这个梦的主题之一：重生。是的，重生，梦见死亡有很多解释，重生是一种高级的启示，那种感受就是"过去的我已经死亡，一个崭新的我即将诞生"。梦里的感受十分重要，她并不感到害怕，准确地说还有些轻松，那两双鞋子具有极其聪慧的象征意义。

另一位来访者也说了几个梦，这是其中一个梦："我被困在一个倒三角的巨大古墓中，里面是平的，我感觉窒息，就像巨大的蜘蛛网把我困住了，我想逃出去，可逃出去的路十分艰难，会有巨大危险。于是我想到了'假死'，我想这个办法很好，别人可能会把我抬出去，这样我就可以逃走了。"

这个梦十分逼真地呈现了这个朋友的现实近况以及内心状态。"假死"很有意义，那种感觉就是知道自己还活着，但是要让他人觉得自己已经死亡，并以此为理由让他人出手营救。其实，"假死"是万不得已才使用的方法，那种滋味一定不好受。我可能就是那个营救他的人，但很明显我不能让他假死，我要和他一起面对困境，让他心生力量，逃出巨大的古墓。这个过程并不轻松，但至少他并不是一个人在战斗，他还有我。

潜意识真是智慧无比，梦就是最好的工具，你要深信梦对你的启示作用，不要置之不理。不重视自己的梦就是丢弃身边的珍珠。

梦是最好的书写素材

书写是大量输出的过程，定会耗费诸多能量，有时候你会词穷句尽，没有半点灵感和素材，那时，你是否珍爱过内心最好的素材——梦？梦的光怪陆离、荒诞不经、天马行空、超越时空都是心灵海洋中美丽的浪花，随便捧出一朵就可以看到流淌在心灵深处的无尽灵感。梦里每个元素都会引发无尽联想，每个联想都璀璨无比、含义深刻，可你却一直往外求。

我甚至认为，原封不动地把自己近三年的梦记录下来，再加上联想的翅膀，一定会是一本玄幻巨著，那是一种不加掩饰的真实，一种朴实无华的真理。现实点说，你记下自己的梦，再把凌乱的片段进行整合，中间穿插联想、故事以及你的价值观，一定会是上乘之作。

最重要的，梦本身就有疗愈作用

现实和梦境相当于白天和黑夜，白天你要应对各种各样的工作、人际关系、琐事，几乎没有时间思考和审视自我，白天巨大的喧嚣让你不停活着、生活。白天你背着重重的壳，夜晚你露出了柔软的腹部。深夜躺在床上，整个世界都静下来了，没有噪声，唯有身边之人的呼吸，你是真实的，是脆弱的，是不设防的，也是恐惧的。没了琐事缠身，你不得不面对内心。

　　世间的罪恶和欢愉往往来自夜晚，那是本能暴露的时刻，无论是杀人纵火还是做爱性幻想，夜晚给足了它们温床。在梦里你可以摧毁世界，可以变身超人拯救地球，可以和白天连想都不敢想的人做爱，可以像动物一样撕咬搏杀。这一切会引发你强烈的情绪，你会梦魇、做噩梦，甚至会大汗淋漓，有濒死感，醒来后的感受就像重生，或许你会长舒一口气，说："还好，这只是个梦。"其实，人每天醒来都像重生，不是吗？这就是为什么有人遭遇了重大挫折喜欢睡一觉，告诉自己："睡一觉就好了。"其实并不是睡觉让他舒服了，而是梦在起作用。

　　内心压抑的怒火和恨意有多强烈，梦就会让你有多释放。所以，你要感谢它，是梦让你释放了攻击性，实现了你的性幻想，满足了你的本能欲望，整合了你的内心，并让你疗愈自我，趋于平衡。尽管有时你并不接纳它，醒来后用内疚、罪恶感惩罚它，但我要告诉你，你要对它感恩，你不必对自己如此苛刻。至少梦在幻想层面疗愈了你，不会让你做出像醉酒之后的行动，或者在现实中真的变成连环杀人狂魔。

4

写下你的梦，它会给你本真的指引（2）

每个人都会做梦，有人称自己从不做梦的原因有两个：第一，他遗忘了自己的梦，忘得很彻底；第二，出于某种原因，他撒谎了。

梦之所以很容易被遗忘是由于四个原因。第一，你自身感受性很差，容易满足现状。这样说并不是不让你知足，而是说你的内心冲突相对较少，基本用不着通过梦得到满足。孩子的梦就很直接，白天没去游乐场，梦里就会大玩特玩，这样的梦就很容易被遗忘。第二，你一点都不认为梦有什么，甚至认为梦是多余的，没有任何意义。第三，梦本身是琐碎的、无形的、转瞬即逝的念头，闹钟铃声响起后很快就被淹没在现实的喧嚣中。第四，潜意识太过阻抗，道德感超强，不允许自己有任何非分之想，生生地把梦的内容全部隔离。这是防御，防御的是内心更大的恐惧。

当你清晰知道了梦的意义、作用和价值，此刻，我要你感恩它，并怀着虔诚之心，把你的梦写下来，写下来的梦会变得不一样。首先，书写让你的梦变得清晰，让你审视自我。其次，书写梦的过程就是二次整合的过程，让你变得更专注、更爱惜自己的心灵。再次，梦的每个场景和元素都会引发大量回忆和联想，它们极大拓展了意识领域，意识领域越来越广，看问题就越来越深刻。最后，写下来的梦像件艺术品，你让心灵的无意识加工变成了现实。像是你花费了巨大精力、斥巨资打造的"心灵大片"终于上映了，而不是止步于幕后制作。

下面，我教你怎么记录自己的梦。

第一，给自己暗示。深信梦是心灵深处写给你的信，你珍惜它，它就会帮助你、指引你，因此，入睡之前要告诉自己："今晚，我能记住自己的梦，并与它携手同行。"

第二，专门准备一个本子，就叫"梦的日记"，上面专门记录自己的梦境，这样你就有了两本日记，一本书写意识和现实发生，一本书写心灵深处的声音。这是一件美好的事，记录得越多，你就越能看到心灵的不同面向，这是升华的表达，是精美的艺术品。

第三，在床头准备纸笔或手机，养成随时记录梦境的好习惯。

第四，醒来时先别睁眼，也不要翻身、起床，继续保持睡着的姿势，用意识回忆梦，像观察画面一样观察它们，再连接起来，就像播放幻灯片，先形成一个框架，再进行记录。

第五，先记下最清晰的部分、某些关键片段或元素，这是我常用的方式。有时梦境很长，像是一部史诗，回忆整个情节时很容易遗漏和断片，也容易模糊后半部分。所以，记录关键词是个很好的方法。比如在《写下你的梦，它会给你本真的指引（1）》中我和你分享的我的梦，关键词是"男人""四个""开车""骑车""往上爬""另一条路""坠入悬崖""可惜"。这些词是我能立刻记起来的关键词，先把它们写下来，然后围绕着它们回忆，在将来联想时，这些词也是重中之重。我的来访者朋友的梦的关键词是"护士鞋""死了""跷着腿"，另一个朋友的是"古墓""假死""逃离"。

第六，写下情感，这很重要。情感分为两部分，一是梦里你的感受，一是你记录梦时的感受。情感决定梦的元素是否符合你本人的特征，这是科学解梦必不可少的，《周公解梦》之所以片面就是因为没有关注做梦人的情感，单纯从大众经验的角度解梦。想法和情感是受社会经验影响的，比如死亡，社会经验告诉我们的是结束、了断、害怕、终极分离，而"重生"就是我的来访者朋友的独特体验，这才算是解梦。

解梦具有极其个人化的特点，所有一概而论的都是伪科学。我的梦给我的感受是可惜、后悔、惊险，我写下梦时的感受是庆幸、踏实、感激。因为我捕捉到了它，没让它白白溜走，深信潜意识在通过梦提示我什么，我没有真的掉入悬崖摔死，而是在思索如何避免坠入悬崖、保留初心，这难道不应该感到踏实和感激吗？

第七，写下自己的联想和主题。当你记录完梦境，要针对认为比较重要的事件、事物、行为、感受进行联想，这其实是解梦的一个步骤，把联想毫无保留地写下来，这样梦就已经解了三分之一了。

比如我梦里的四个男人，我首先联想到的是力量、竞争、压力，然后针对力量、竞争和压力进行具体的联想。把联想内容记下来，再进一步联想，一直到你觉得进行不下去，或许那时候你需要专业人士的帮助才可以继续联想。你的联想中会有让自己恐惧的、厌恶的、愧疚的东西，你平常并不想碰触它们。而之所以让专业人士帮你进行，是因为你越恐惧的越有价值，写下来后它们的价值就更高了。

把梦写完后，你要给这个梦取一个名称，并找出它的中心思想，就像你写作文有作文题目，有中心思想一样，这有助于把握梦境的灵魂。

比如我会给我的梦取名为"选择",中心思想是:坚持自己的初心才是我想要的,有些表面看起来安全的捷径不但不是我想要的,还会让我迷失自己、坠入深渊。你看,当把名称和中心思想写下来,我好像就知道该作何选择,结合现实也知道下一步前行的目标,这多么美妙而神奇啊。

请记住,书写自己的梦就是过另外一种生活,梦是你内心向往的诗和远方,出于种种原因,你不得不委曲求全,无奈地过着眼前的苟且。而书写梦让你自由,让你叩问灵魂,让你在现实世界过上一种超越现实的秘密生活,那里有你想要的一切。

学员书写练习:我梦到爸妈离婚了
作者:萌萌

我的梦境:

我梦到爸妈离婚了。妈妈在一栋很大的房子里,说她要出差几天。我则去了姥姥家,爸爸是去外地干活了。我在大街上走着,突然看到爸爸骑着自行车,心里特别高兴,还很惊喜地喊着:"**爸,你回来啦!**"

梦中,**我爸的发型跟我老公的一样**,他骑的**自行车很破**,车篓里放了好多葱和肉,好像要包饺子。我爸先回家了,过了一会儿我也回去了,推开门发现**高高的楼梯(需要我仰视)**上有好几个**大箱子**,每个都很大,摞在一起。我以为是妈妈回来了,也没喊她。就像平时拆快递一样,蹦上去把最高的那个大箱子撕破拉下来,里边是**好多鞋子**,有运动鞋、拖鞋,有我现在穿的,也有不要的。

这时候有个声音出来:**我爸妈瞒着我离婚了**,之前的五到十二个月他们一直在处理这件事。我妈这次是最后把东西全部帮我整理好,她不会再回来了。**我特别伤心**。

这时我爸来了,梦中知道他俩离婚了,LY(我闺女)归我爸。我问他:"那大的呢?"我知道,我指的是我小舅家的大闺女。我爸说:"肯定还是归爸爸啊。"(**心里有种放心的感觉**。)梦中还浮现了**我妹妹穿着长裙坐在挂着窗帘的墙边**的画面。

我很难过,但理智告诉我:"他们分开是对的,这么多年了,都不愉快。妈妈给的,就像那箱鞋,有正用的,也有该丢的,她都刷好给我,我莫名有压力。"最后出现了马老师,我们坐在床上,**她微笑着看着我,把我抱在怀里,肯定了我刚才的想法,我心里有点好受,可还是难过**。

我的联想:

做这个梦是在我看《寻梦环游记》的中间(昨天下午看了前半部,梦醒了之后看了后半部),看到电影中的亡灵世界,我莫名地安心,想到了我在看望父母的时候,他们其实就在我身边。

梦中的我和爸爸是一体的感觉,当孩子都归爸爸的时候,我很放心。妈妈给我的,有我拿来用的,也有我该丢弃的,并且我的妈妈选择离开的时候还是那么决绝。在她离去的世界里,只有她自己,我能感受到她的解脱与淡淡的快乐。

冰千里:

你的梦很形象,也很真实,就像孩子的梦。精神分析说梦是潜意识压抑的愿望的满足,其实,你的梦几乎没怎么压抑,这说明你正在整合自我,而且越来越有力量。

让我放心的是你的"放心"。在你的梦境感受里,在你的联想中,"放心"或许是一个重要的主题,顾名思义,把心放在一个安全的地方,心就安稳了。

鞋子十分形象,因为它的意义在于脚的感受,而你的联想更加说明了这一点。人在世间,会背负许许多多的"箱子",是时候清空一下了,为了所爱的人,更为了自己。

马老师的出现很有意义,人海茫茫,珍惜遇见。

我在需要联想的地方加粗了,以后对于梦境就要这样,写下来,看着每个字,就像看着梦里出现的人物,一点一点展开联想,让书写成为探索内心的有用工具。

5

写下"我想要什么",然后不停追问(1)

现在,我要教你用自由书写的方式找到你内心真正的需求,摒弃杂念,不断自我整合,让你变得笃定、心有归属。

"我想要的是什么?"这个问题你必须写下来,这关乎你活着的意义,关乎你存在的价值,关乎你日常是否开心、从容。

我会教你连续发问,每个问题都要写在本子上或敲出来,最终让你追本溯源,找到终极答案。但,首先我要回答你的问题:为什么要问自己想要什么?这个问题不解决,你就无法前行,它是基础。

很多朋友找到我,不停地诉说他们的苦恼,描述自己的困境,我总会认真听一段时间,然后问:"那么,你要的究竟是什么?"有人对这个问题感到诧异:"什么?我要什么?"随后大都会陷入沉思,就好像刚才那些话不是他说的。停下言语,他变得沉默,眼神或空洞或闪光,也许会盯着一个地方良久。我知道,这个问题把他拉回了内心深处,让他思索痛苦的意义，让他反思自我。常常，这样的反思在他的生活中并不多见。也会有人一下被触及，眼泪瞬间流下来，沉默片刻，再次诉说的时候多了几许淡定和沉稳，没有了刚才的焦躁。极少有人因为让其从纷杂的意识中抽离、反复想"我究竟想要什么"并与自己的内心对话表示反对。

这个问题之所以重要，有几方面原因。

有一种抽离感

所谓"只缘身在此山中"，困惑来自各种冲突，身在其中而不自知。你正经历着生活，又处处受限，许多关系和琐事缠绕着你，各种人事搅拌在一起，如同混合物，你只是其中之一，随着生活的转动而转动。而"我想要什么"会瞬间把你从旋涡中拉出，让你站在旁边看着搅拌在一起的人和事，看着里面的自己，甚至能够看到自己在里面的各种烦闷和苦恼，看到在关系中的无奈和反抗，这种视角让你从其中抽离出来，变成第三方。

明晰了界限

边界感混乱一定会出问题，这是心理学研究的重要领域。找到"我们"中的"我"是重中之重，能帮助你厘清你在关系里的位置，他人在你心中的位置，你们互动的模型是什么，你为何用这种模型而不是那种模型，如何重塑你的模型。

不知需求，边界定会混乱。有个朋友不停地帮助别人却被不断背叛，帮助别人换来的却是背叛，那么他要的是什么？他的帮助是他人需要的吗？别人又是如何看待的？背叛代表什么？这都需要探究。不探究就会扰乱他和所有人的界限，没有了"你""我""我们"。

这是你人生的游戏规则

人生大的框架都一样，同样的开始、同样的结束。无论是达官显贵还是平民百姓，生命都是从母亲的子宫开始的，也都走向同样的终点。从子宫到坟墓，我把此称作人生。出生和死亡是不可避免的，中间这条路走得是否顺畅，取决于你个人的游戏规则。

很多人没有自己的规则，只是跟着人群前行，跳进坑、蹚过河、翻过山，来到了墓地，回头才发现自己是人生的一枚棋子，一直被推着，从出生到死亡。之所以如此，就是因为你不知道自己想要什么，没有自己的游戏规则，只能按照他人的规则行进。也有人不被他人带跑，不盲目跟随人群，当然他不可避免地也要走进坟墓，但他却走了很多精彩绝伦的道路，那些经历是混迹在人群中的你永远也体验不到的。这类人明确知道自己想要的，别人的规则不符合他，他就不去做，他所做的，正是他想要的，于是他完整做了自己，走完一生。

实现自我价值

思索这个问题，能让你的自我价值得到实现。人最大的所求，就是自我价值能够实现，这与旁人无关，不管是你的父母还是孩子，谁都不能替你实现。同样，他们价值的实现带给你的也仅仅是欣慰和喜悦，并不是你自己拥有的。这个观念我强调了太多次，可总有人不敢面对、不敢承认，他们不知道自己离开了孩子、父母、伴侣会怎样，他们并没有自己的需要，他们的需要就是关系中他人的需要。

一个怎样的人才会把他人的需要当作自己的需要？一个没有安全感的人！马斯洛的需求层次理论中，安全需求处于第二层，社交需求处于第三层，自我实现需求处于第五层，没有安全感就很难谈价值感，更谈不上自我价值的实现。但，你真的了解安全感吗？安全感来自恰当的依恋和分离，是依赖和独立的中间体，这两端任何的不恰当都会造成不安全感。当你把安全感建立在他人的需求之上，就已经失去了安全感，你并不独立，依赖一旦落空，你就会破碎，至少会感受到孤单、空虚和无意义。那么，你要的究竟是什么？每当这时，你一定会问自己这个问题，完全由不得你，世事把你逼到了这里，你该考虑是否为自己活一次了。没有思考过这个问题的人谈不上价值，他正在安全感的边缘苦苦挣扎。

综上所述，把"我想要的究竟是什么"写下来，你还会觉得无意义吗？仅仅是把它写下来就已经不一样了，你完全可以体验，甚至你在看到我这句话时就已经不同了，就在刚才，有些改变正悄然发生。

为了让自己更有界限、更有价值、在关系里更有力量，也为了让自己在人生中变得从容淡定，让内心有个坚定的方向，必须把"我想要的是什么"写下来。然后，我们进入下一步。

6

写下"我想要什么",然后不停追问(2)

我们继续前行,就在你写下"我想要什么"的时候,脑海中一定浮现了诸多答案,我先帮你澄清、分析一个误区,好让你的回答有的放矢。这个误区是:我不知道自己想要什么。好,把这句话写下来,而不是转身离开。这是个很明显的答案,同时也是很好的逃避,这个逃避往往不需要理由——我真的不知道自己想要什么,还有什么办法吗?记住,我教你的不是完全的书写技巧,而是一种疗愈方法,我不会直接送你一筐鱼,我要教会你怎么捕捉内心的鱼。

我要让你的逃避落空!知道吗,你逃得了今天,逃不过以后。你要把"我不知道自己想要什么"当作开始而不是借口。接下来,在这句话的下面写上"我知道自己不想要什么""我知道自己不喜欢什么""我知道自己讨厌什么"。换一个角度就会豁然开朗,书写实现了这一点,这几个句子就明明白白摆在你面前,你无处可逃。

我有一个很有意思的朋友，他不知道自己想要什么，但总会知道自己不想要什么。比如"吃"，我说："咱们吃点什么呢？"他会说"随便啦"或"什么都行"。然后我就说："那我们去吃烤肉吧？"他会说："不吃，太腻了。"我说："那我们去吃博山菜？"他会说："不想吃，前几天刚吃了。""那，我们吃什么呢？"我又问。他说："随便啊，你说呢？"我耐着性子："火锅吧，要不？我知道刚开了一家店，味道还不错。""不吃火锅，容易上火！"他很坚定，我却晕头转向了。

这个例子很有意思，不去分析他的潜意识，仅仅是意识层面的回答就让人收获多多。他一直在表示"我不知道自己想要什么，但我知道自己不想要什么"，很多人就像我的这位朋友一样。当时我没让他写下来，现在如果他看到我这样说，我希望他写下来。

现在我也要你写下来，既然你不知道自己想要什么，那么我要你写下自己不想要什么。如果你是成年人，有着基本的自我意识，你很少会写：

我不喜欢吃榴梿！

我不想要这件衣服！

我不想睡觉！

我讨厌蜘蛛！

…………

你很可能是这样写的：

我不想让自己这么颓废！

我讨厌自己的无力感！

我反感别人这样取笑我！

我不喜欢热闹、人多、嘈杂！

…………

第三章 用书写察觉内心深处的需求

前者是具体的事件，后者是一些想法、评论、观点，困扰你的往往是后者。我相信能看懂这句话的你一定不再满足于本能（吃、穿、性），而是追求更高的精神层面。

接下来，你看着写下的答案，那些你不想要的、讨厌的、拒绝的内容，是否正在发生着，把它们写下来吧。

举个例子："我不喜欢别人在背后说我坏话。"这就是你不想要的东西，你这样写说明你一定经历过。经历过几次？别人是谁？什么坏话？你是怎么知道的？这几次的共同点是什么？听到这样的坏话你有什么感受？你又是怎么回应的？效果如何？……反复问自己"为什么"。这句话背后会有很多问题，每一个问题背后还会有问题，而我只是让你把它们写下来，然后一一回答。

继续展开这个例子：

经历过几次？答：我最近至少经历过三次。

别人是谁？答：他们分别是我妈、老公、领导。

什么坏话？答：基本上也没大事儿。我妈嫌我对儿子管得太松散，老公怪我总是很晚才做饭，领导说我写报表不按要求写。

怎么知道的？答：都是事后过了一段时间他们亲自告诉我的。

共同点是什么？答：嫌我不够好。

我的感受？答：愤怒、委屈、羞愧。

怎么回应的？答：不以为然，认为他们说得太偏激。

效果如何？答：没什么效果，我想下次我还会继续，不过我会反思是不是真是我的问题。

看着你的答案，陷入思索，相信你会看到自己的另一部分，经过思考也会得出结论，这个结论可能就是你真正不想要的东西。

这个例子中，他们反映你做得不够好，是因为你太松散、对孩子管理不严格、不按时做饭、不按要求写报表，但你会看到更深的东西，那就是按自己的意愿行事、对抗控制，不管是工作还是关系。你正在用行动进行无声的对抗，突破某种规则，这样的突破又不被允许，至少违背了妈妈、丈夫、领导的意愿，于是产生了某种冲突，你才会有这些情绪：愤怒来自指责，委屈来自不理解，羞愧来自不够好。

这样的事情经常发生，你就不得不思考哪里出了问题。你的行为是不是有些过火？是不是有意为之？是否为了补偿？如果是补偿，补偿的是什么？补偿的往往是曾经没得到的，或无力对抗的部分。或许，儿时的你经常被苛刻对待、严加管教，你只能按要求行事，自己的意愿被打压，情绪一直被压抑，这些情绪应该和现在很相似，都是委屈、愤怒、羞愧。

这就是书写的力量，它让你找到了源头，而你本来并不打算进行这个无聊的练习。你最终还是成功了，只不过转了个弯，你写的是"我知道我不想要的是什么"，并最终得到了答案：我不想别人控制我的生活！

感谢自己的勇敢吧，然后重新拿起笔，再次问自己："我想要的是什么？"这个问题是不是特好回答了呢？快点，别愣着，你一定很想写下真正的答案，那就写下来吧：我想要自己说了算的生活！

以上，我通过一个例子让你练习，用"我知道自己不想要什么"找到了"我想要的是什么"，你应该给自己掌声！你写出了心底的心声，这个声音伴随你好多年，一直没有浮现到意识层面，而现在你勇敢地把它写下来，难道不值得祝贺吗？压抑的愿望再次浮现，多么让人激动啊！

但这只是其中一个环节，我们并没有结束，此时你写下的"自己想要的"还很稚嫩、笼统、模糊。你最想知道怎么做才能得到想要的东西，这才是你想从我这里学习的技能。别急，让我们进入下一步。

7

写下"我想要什么",然后不停追问(3)

关于"我想要什么"的问题你已经写下来了,而且找到了答案。现在,我们再往前走一步,因为,所有"想要的"东西都还悬着。

看看你写的答案吧:

我想要幸福!

我想要快乐!

我想要成为财务自由的人!

我想要自由!

我想要被爱!

…………

你面临的问题是:想要的距离自己太遥远,无从下手。它们远在天边,这些美好很容易淹没在现实中。所以接下来,我会让你把它们落到地面,变成身边的事情。

还是举例说明具体的书写方法。还记得"我想要自己说了算的生活"吗?接下来写下对这种生活的具体描述,按照工作、关系、自我的顺序。

我讨厌现在的工作模式:按部就班,整天写报表、写文案,听从领导的安排。我想做一些喜欢的工作,有些创新,而且领导会喜欢。我想做一份兼职,我一直喜欢销售,想卖点化妆品,选择好产品一定没问题,这样我就自由了,工作和兴趣都可以兼顾,我喜欢这样。目前我还不打算辞职,不确定辞职后我能否赚到钱、能否适应,我保留辞职的想法,产品卖好了,我就辞职也说不定。

我希望老公也能承担家务,我们都有工作,家务应该合理分配,而不是我一个人的事。我和老公交流很少,所以我希望能开诚布公,而不是在背后积压怨气,若他也明白这一点就好了,这有利于家庭稳定。我不想过多干涉儿子,毕竟他大了总要学着独立,除了给他提供物质和稳定的环境,其他的事他自己决定,包括学习和复习,这样我就有时间做喜欢的销售了。我不想参加没用的聚会和活动,但有时候必须去,都是为了面子和人情。礼尚往来,这点其实很浪费精力。

关于自己,除了兼职销售外,我想系统地学习销售技巧。掌握一项技能,这会让我更加自信和自由。

好,我想你描述得够详细了。请你继续写下:若这些都达成了,我就会幸福,就会成为想要成为的样子,这就是我想要的生活,这就是我想要的自己说了算的人生。

我知道此刻的你是矛盾的,一方面为自己的梦想落地而欣喜,另一方面会涌出大量阻抗,这些阻抗会让你望而却步,会让你担心你的梦想,你想要的生活是否真实。写下这些阻抗吧:

领导不一定同意。

产品那么多，选择什么好呢？现在微商越来越难做了，我能行吗？

有时候儿子不好我很焦虑，总忍不住控制他，我真的能做到放手吗？

老公能理解我的想法吗？他会不会觉得我异想天开？

就算我选择好了产品，卖给谁呢？我又没经验！

那么多课程，我该从哪里入手学习销售技能呢？

…………

好了，应该还有很多，这些都很重要。记住，你要写下来，而不是让念头在脑子里转悠，念头往往转瞬即逝，很多感受也是一念之间，把它们写下来，它们就和你在一起。即使今天不面对，明天也要面对。我让你准备的心灵书写本此刻派上用场了，事实上，你要一直带着它。

米，写下你的解决方案吧。既然你跟随我走到了这里，就回不去了，即使回去也会充满了遗憾和无奈，并且那种感受比原来更剧烈，让你无法安静。其实，你已经变了，已不再是过去的自己。

继续跟随我，你就一定能想到解决的办法：和领导沟通，和儿子沟通，和丈夫沟通。你会发现"沟通"就是摆在你面前的最大阻抗。要想实现梦想，就不能偷偷摸摸，那会抵消你的能量。你要正大光明做自己喜欢的事，要做到这一点离不开他们的理解，况且他们本就是你计划的一部分。

具体怎么沟通牵扯到关系模式，但至少你明白了两件事。第一，你知道了要实现想要的生活，要做的第一件事是什么。第二，你也知道了所有阻碍，消除它们的过程就是实现梦想的过程。

关于沟通，我必须和你说：你已经不一样了，现在你知道了自己想要什么。知道自己的需要，这便是沟通的核心。很多沟通无效的原因是你并不知道想要的是什么，只是在东扯西扯，根本不涉及核心问题。沟通说白了就是一场谈判：你的需要和我的需要最终能否一致。

你已成功了一半,带着需要出发吧。至此,我不用再教你了,你的书写告诉了你答案,你需要做的就是迈出第一步,从说出第一句话开始:"我想和你谈谈。"这也是最为关键的,力量来源于行动,书写做到了这一点。你知道你的需要,知道你的阻抗,也知道克服阻抗,于是迈出了第一步。既然迈出了第一步,那还犹豫什么?去吧,说出第一个字,开始谈判。

其实,你选择什么样的产品并不重要,重要的是你选了。打开朋友圈,找找你不反感的人,给他发个信息:"你好,我想了解你们的产品。"对,就这样,没有理由,发出去的那一刻,你就已经走在了通往成功的路上。

所有的阻抗从被你写下的那刻起就没那么强大了,你在做的时候会发现问题很容易解决,同时还会有意外之喜。能量是一个场域,当你在做自己喜欢的事情时,宇宙万物都会帮你,这就是吸引力法则。

此外,还有两点我要说明。

第一点是拒绝。还记得好多你不想参加的场合吗?这在现实中比比皆是,就像你说的为了面子。所谓面子,就是看起来还不错。很多家庭的面子没问题,甚至很光鲜,别人往往以幸福来形容,实际上内里已损坏,有的冷漠麻木,有的战争不断,有的名存实亡。之所以维系是因为恐惧,恐惧的内容很广泛,但它们都指向一点:害怕不完整、不完美。

追求完美是很多人从小就被要求的准则,这种完美不仅和过去比较,也与他人比较,不能看起来不够好,宁愿委屈自己,把自己弄得心力交瘁也要看起来不错。这是典型的内外不一。心理治疗的主要目标是让内外尽可能一致,不内疚、不自责、不迁怒他人。内外的差异越大,人就越痛苦,缩小差异需要面对恐惧,而不是粉饰恐惧。

书写能让你敢于说不,拒绝和自己本意相违背的决定就是改变。这是沟通有效的根本，不再隔靴搔痒，不再委曲求全，要聊本质的东西。关于这一点，我曾让你写过，用的是"其实，我真正想说的是……"这样的句式，来说出心里话。

现在试着拒绝吧，先写下来：

我不愿参加这个聚会。

我不愿和老公出席那个场合。

我没时间。

对不起，我不能答应你。

抱歉，这不是我想要的。

…………

仅仅写下这样的句子，你就会感觉好很多，最好大声把它读出来，不要管他人作何反应。练习久了，你会发现你可以在现实中真的拒绝。只有守住了自己，才能积聚能量。

第二点也很重要，就是自我功能。必须指出的是：能够自由书写的人是有一定的自我功能的。有两类人群不适合书写：有强迫性思维人格的人和分裂倾向人格的人。

有强迫性思维人格的人容易陷入无休止的自我追问且不能自拔，认为所有提问都有问题，不相信所有回答，会增加更多强迫性冲突，会陷入其中而不是跳出来分辨，最终精疲力竭消耗了全部能量。我的建议是在专业老师的指导下进行书写，因为他们的人格特质是明知不可为而为之，很难抽离自身。

有分裂倾向人格的人往往分不清现实与幻想，梦想往往不切实际。比如对于"我想要的是什么"，他们有可能写"我想成为救世主""我想变成超人""我想阻止战争"等，他们真的会照此目标有所行动，这就违背了心灵书写的本质。

有人问我:"心灵书写真的有治疗效果吗?"这个问题比较复杂。心灵书写用在神经症级别的人群中效果最好,因为神经症级别的人群自我功能尚可,采用的主要防御是压抑,他们没有严重的社会攻击倾向,有力量工作和生活,只是内心有很多冲突。对亲密关系感到困惑的人适用心灵书写,书写能让人厘清关系,看到自己在关系中的位置。青少年也适用心灵书写,他们的很多冲突都经不起推敲,只需专业指点、倾诉于纸,他们就会改变。

书写最大的意义在于宣泄、澄清、对质、联想,重点在过程而非结果,在体验而非理论。每个意义背后都指向另一个更加重大的发现,它们通往内心深处的情结。这个情结是你的本源,书写让你看见本源在哪儿,而不只看到表面。很多痛苦源于你不知道为何这样,现在你知道了,你看见了敌人。能够看得见的敌人更容易打败,最可怕的是看不见的敌人,你不知道恐惧什么才是真的恐惧,而书写解决了这个部分。

总结一下,我告诉了你六个方面:

第一,你为什么要问"我想要的是什么"。

第二,如何知道你想要的,可以反证,写下"我不想要的"。

第三,如何把你想要的由笼统的变成落地的、现实的。

第四,行动时遇到的障碍是什么,如何移除这些障碍。

第五,学会拒绝,敢于说不。

第六,哪些人不适合书写。

若以上你都完成了,恭喜你,你迈出了最为关键的一步,通过书写知道了自己想要的生活,并正在为此而行动。这很困难,不是你知道了就可以做到的,你需要不断行动、不断书写来强化所得。

8

写下"我想要什么",然后不停追问(4)

你已经知道了自己想要的,克服了阻抗,开始了行动,也正在坚持,可还是没有实现,为什么?因为你忘记了一个终极命题:除了出生之前、死亡之后,没有绝对的自由,所有你想要的必须在这个范畴之内。很多时候人们被欲望驱使,超越了这个范畴。只有超越生死的人才可以超越自由,我一定要提醒你注意这一点。

现在写下这个问题:你想要的东西可以用生命交换吗?要立刻写下答案,不能思索。你可能会写:是的,我会!这是勇敢的回答,也是事实,因为现在是真的让你用生命作为交换。但写下"我想要过上我自己说了算的生活"的那个人不一定这样写,她会有顾虑:如果这样的日子我只过了一天,然后就死掉了呢?多数人也不会,他们也会想:如果自己还没获得想要的就死掉了,那就永远无法获得了。对于这个问题,不要有压力,因为心灵书写的本质是教会你如何活得有价值、有尊严、有意义，而不是让你为自由而死。

你明白自由是什么吗？最令人欣慰的死去是回顾此生没有任何遗憾的死去，为了自己想要的奋斗过、用心过。人终究要明白的不是死去的那一瞬，而是活过的每一分、每一秒。人的价值在于过程，而非结局。人的自由展现于使命，而非独绝于世。

我的一个朋友年近五十，依然唏嘘慨叹，满面愁容。有一次我们聊天聊得很深入，可以看作是半个咨询了。越过他稳定的家庭、不错的收入，我看见了他不快乐的原因：想要的一直没得到，天天敷衍地做不想要的。我拿出一支笔让他写下来，他写道：我想要的是自由行走，去世界各地旅行、摄影、书写，可这三十年我却一直在小学当语文老师。写完之后他苦笑了一下，接着恢复了满面愁容。

佛语有云：人生有八苦，生、老、病、死、求不得、爱别离、怨憎会、五阴炽盛。在尘世流转的你我皆在八苦之中修行，困扰我这个朋友的是两苦：求不得、怨憎会。想要的得不到，不想要的无法摆脱，这原意大多指人与人相爱相杀，在我看来，事业或工作也同样适用。

我这个朋友问题的根源在哪里？在自由与责任。后来，从聊天中得知，朋友想要的不是不可以得到，而是他牺牲了这部分。他财力、精力都没问题，摄影是他的爱好，书写是语文老师的强项，牺牲的原因就是放不下，他放不下卧病在床的妻子，放不下辛劳了半辈子的工作。他不能在这两者中找到平衡，从而悲伤苦闷。从心理的角度分析，他想要的诗与远方是内心的一种感觉，若真让他辞掉工作，舍弃妻子走向世界，他未必真的快乐。且不说内疚和遗憾的折磨，仅仅是道德感的束缚就让他难以快乐。

所以，在"我想要什么"的最后关头，还需要一步，那就是平衡。这就是你完成了上面种种却无法到达终点的原因，你的内心有两个声音,一个叫你往前,一个叫你往后,往后拽你的动力看似来自外界的困境,实则出自内心。这个动力是潜伏者,藏在潜意识下,使你离想要的成功仅一步之遥,却又触不可及。让你万事俱备却仍无所获的根源发生过不止一次,而是很多次,只不过这次让你记住了。接下来你需要做的就是这个练习的最后一步:在责任中寻找自由,从而达到平衡。

就像我这个朋友,他可以这样写:我如何在现有模式不变的情况下获得我想要的?他写下这句话时,就已经找到答案了,甚至你都替他找到了答案:假期去旅行、摄影、书写。安顿好工作和妻子,请个长假来一次为期一年的旅行。现在做准备,买房车,等退休后带着妻子周游世界。这样是不是挺好?所以让他愁容满面的关键不是不能做,而是内心深处的不平衡,是他的牺牲带来的遗憾和不满,是内心的无意义感。

当他写下这句话并愿意思考时,问题就已经解决了,他在正视冲突带来的不平衡,并在责任中寻找自由。这不是委曲求全,而是真的接纳。从委曲求全到接纳,中间隔着心灵书写和无意识探索。

你最终需要懂得,真正想要的是一种使命感,是要承担责任的,你的责任感有多大,自由度就有多高。绝顶高手从来不是在擂台上,而是在寻常百姓家;英雄从来不为一己之利,而是救民众于水火;佛祖从来不是自我修行,而是普度众生。

责任,不只要你为他人、为社会承担什么,还要你由内而外地散发,忠于内心的选择。你要滋养自我、疗愈他人,而非彼此消耗。

9

六个写作练习，让你与过去的自己和解（1）

每个人都有自己的过去，这是时间留下的印记，并不因谁的意志而转移。时光已逝永不回，往事只能回味。过去有甜蜜、美好，也有失落、遗憾，很多人放不下过去，在记忆里沉沦，是因为没有能力接纳过去的自己，接纳过去的那些人、那些事。

在心理咨询工作中，过去是非常重要的，特别是对于心理动力学取向的咨询，过去意味着现在的一切（这样的说法并不绝对）。揭开现在的层层面纱，你会发现自己似乎依然在重复以往的模式，真像是宿命轮回。

所谓改变，并不是真的改变过去，毕竟现实没有时光机。改变是让现在的你遇见过去的自己，让你用当下的力量拥抱曾经的那个小男（女）孩，牵着他（她）的手，告诉他（她）"别怕，我在呢"，从而改变被孩子内化的模式，并不再将此应用到当下的生活中。

心理治疗中有大量的例子可以证实一个人和过去和解是多么重要，它会直接引发领悟，让人获得心灵的成长，让当下发生改变。一位三十多岁的女士，在经历某次痛苦咨询后号啕大哭，哭完告诉我，她看见了五岁的自己，真真切切：她蹲在村口石桌旁，看着爸爸一边擦眼泪一边远去，她站起来撕心裂肺地呼喊"爸爸不要走！爸爸不要离开我！"。爸爸回头看了她一眼，还是决绝地离开了，从此再也没有回来。

当她看见了五岁的自己，看见了那双哭红的眼睛，听见了沙哑的呼喊声，心顿时轻松了，而这个记忆被她遗忘了很久。随着接下来咨询的深入，她逐渐摆脱了对男性的恐惧，能够进入正常的恋爱状态。

很多时候，由于压抑的作用，你会忘记很多事情，怎么都想不起来。可你知道吗，所有的发生都不会消失，哪怕是婴儿时期的事，记忆也会以碎片的形式存在于身体、心灵、潜意识中，它们或许一辈子都不会浮现，也或许因一个场景、一种味道、一个突发事件、一次心理咨询而被激发，然后记忆大量涌入，让你遇见过去。

此篇，我会教你六个书写练习，让你遇见过去的自己。我会给你几个半开放的句子，让你发动联想，打开尘封的记忆之门，让过去的自己走近你。你要以充满爱的方式，张开双臂，准备迎接他。

练习一：小时候，我是一个……的小孩

每个人都有童年，在那个时候，你是一个怎样的小孩？无论现在你在做什么，哪怕没有书写条件，当你读到这里，请安静下来，深呼吸几次，给大脑片刻的宁静，放松你的身体，让记忆穿梭光阴，回到过去，脑中尽量搜索记忆中的那个小孩，告诉他，你来看他了，然后把浮现的画面写下来，书写十分钟。

以往练习的时候,学员总会立刻陷入沉静,他们有的若有所思,有的眼角挂着泪水,有的嘴角露出微笑。沙沙的书写声将大家带回到从前。

学员A:小时候我是一个自卑的女孩,每次放学都不敢和同学一起走,怕他们笑话我,那时候的自己真是又矮又丑。

学员B:我是一个勇敢的男孩。有一次我在路边看见一条蛇,我一点儿也不怕,还用树枝把它挑了起来。

学员C:记忆中的我是一个害羞的孩子,见了生人都不敢说话,每次妈妈都会骂我说:"这个死丫头,一点也不懂礼貌,看我一会儿不揍死你。"她越这样说,我就越害怕。后来我更沉默了,几天才说一句话,上课从来不回答问题,有淘气的男同学给我起了个外号——小哑巴。

学员D:小时候的我是一个没人要的孩子,爸爸妈妈去外地打工,我住在姥姥家,姥姥身体不好,经常在床上躺着,我就去邻居家、同学家蹭饭。记得有一天,邻居家的小哥哥给我扔过来一块骨头,说:"吃吧吃吧,你就像我们家的一条小狗,吃完赶紧走吧。"我很伤心,大哭了一场,再也没有去过他们家。我记得从那时起,我常常去村口的老榆树下等爸爸妈妈回来,一等就是好几个钟头,可总也等不到。

每次我看学员们的书写,都会被深深触动。他们读完自己的文章,往往会拥抱在一起,或流着泪微笑,或微笑着流泪。我们在一起,就这样,一起写,一起读,一起倾听别人的故事,一起反馈,给那个孩子温柔和力量,或者陪他一起哭、一起笑。

那个时候,无论曾经的小孩是怎样的,都会被看见、被拥抱。你也会被自己惊讶,想不到这样的书写练习会让你如此动情,也想不到这样的书写练习会让你看到自己的内心深处,并和过去在一起。

练习二：小时候，我对爸爸（妈妈）印象最深刻的一件事是……

这个练习也是十分钟，当然你可以延长，没有谁能阻止你回忆过去。

学员 E：记得我七岁的时候，妈妈把我接回家，刚进门，爸爸就拽着妈妈的头发把妈妈的头往墙上撞，我吓坏了，只会大哭，一句话都不敢说。我听见咚咚的声音，透过被泪水模糊的双眼，我看见妈妈的额头冒着血，暗红暗红的，我蹲在门口瑟瑟发抖……

学员 F：我记忆最深刻的是爸爸出差回来了，我很久没见到他了，他一进门就扔下黄色的大提包，抱起我就亲。爸爸的胡子扎得我脸生疼，我咯咯地笑着，双手紧紧搂着爸爸的脖子。

学员 G：记得我小时候特别喜欢自行车，一个周末的晚上，妈妈居然给我买了一辆自行车，我兴奋得连饭都没吃。爸爸妈妈扶我上去，自行车很高，但我一点也不怕，我就在小区路灯下一圈一圈地骑着……那晚，我做的梦都是美梦，至今这辆自行车还放在储藏室里，老公说要扔掉，我坚决不同意。

我自己也很喜欢这个练习，每个人都有记忆非常深的几件事，或开心或悲伤，在大人们多种多样的理由中，这些事发生了。我自己的练习是这样的：我印象最深的是在老家的山坡上，我和奶奶睡在帐篷里看守果园，我们看着辽阔的星空，奶奶总会给我讲故事。故事都是重复的，都是小英雄的故事，奶奶一边给我讲，一边用蒲扇驱赶着蚊子，一旁看着星星的我沉沉睡去。

记得有一次我问奶奶："天上为什么有那么多星星呀？"奶奶说：

"每颗星星都是人变的，人死了就变成一颗星星。"我接着问："那奶奶死了会不会也变成星星呀？哪一颗是你呢？"奶奶回答："那颗最亮的就是我，我在看着我的小孙孙。"

如今，奶奶离开已经二十三年了，我总会在夏天的夜晚仰望星空，我在寻找最亮的那颗星，我知道奶奶一定在注视着我。

这个练习会让你看到自己小时候的亲人，看到他们之间的关系，看到他们和你的关系，看到你眼中的他们是什么样的。他们是给了你力量、温暖，还是创伤和痛苦？那时那样的关系模式是怎样内化到你的内心的，又是如何影响你现在的亲密关系的？

不管怎样，你正在用书写回顾，过程中一定伴随大量的情感体验，这样的体验一次又一次冲击着你，无论是在老师的指导下，还是在他人的陪伴下，你都在进行整合。

练习三：那种熟悉的味道或者那种碰触（被碰触）的感觉

过去并不只存在于视觉和听觉中，很多其他感受也会带来深刻的体验，比如嗅觉和触觉。

学员 H：每天晚上半梦半醒时我都会闻到一股腥味，我知道那是爸爸回来了。爸爸是渔民，回来得总是很晚，当时我很讨厌他身上的味道，每次他抱我，我都会跑得远远的，怕我身上也会有那种腥腥的、咸咸的味道。可现在每次去菜市场，我总会去鱼市多待会儿，我很怀念那种味道，真的。

学员 I：我喜欢消毒水的味道。爸爸经常出差，很少在家，妈妈是护士，值班时总把我带到她工作的医院，医院各个角落都是消毒水的味道，时间久了我也就喜欢上了，很干净。我知道，这是妈妈的味道。

学员J：我喜欢豆腐乳的味道。外公把我从小看到大，他自己制作豆腐乳，然后挑着担子、领着我，大街小巷地吆喝。那种浓浓的香味，带着点咸，带着点豆子香，真好闻。

学员K：我最喜欢摸爸爸的胡子，爸爸的胡子硬硬的，摸起来还会沙沙响。每次爸爸都会拿着我的小手故意用力蹭，我就赶紧把手抽开。爸爸睡着了会呼呼打鼾，我就悄悄爬到他身边，用小脚蹭他的胡子，很奇怪，爸爸一点也不嫌臭。哈哈。现在我超喜欢老公的胡子。

学员L：记得上幼儿园时，隔壁有个叔叔给我几块糖，抱着我，褪下我的裤子，摸我的屁股。我吓坏了，一句话都不敢说，好一会儿他才放我下来，我觉得下面很疼，但没跟任何人说，也没告诉爸爸妈妈。现在女儿上幼儿园了，我坚持接送，任何事情都不会耽误，都是最后一个送，第一个接。

写下这些文字时，你就在调动你的嗅觉和触觉，它们让你闻到过去、触碰往事。你是知道的，嗅觉和触觉背后有深深的爱意，也有无情的伤害，它们像一根丝线，连接着你和另一种关系，也连接着你的过去。此刻，你勇敢地面对过去，写了出来，再大声读出来，那些爱恨涌上心头，让你慢慢和某个人对话。给予过去的自己支持的你，正在成长。

练习四：
小时候，我最难忘的一次节日（旅行、聚会、晚餐）是……

总有些日子承载着你特殊的记忆，我们国家的传统节日很多，大节日很受人们重视，它们代表着团圆，代表着在一起。比如过年，漂泊的游子会回家享受团圆。但这也是"是非之日"，相聚就会有沟通和交流，有沟通和交流就难免有磕磕碰碰，甚至有惨痛回忆，和节日氛围形成了鲜明对比，让人记忆深刻。

学员M：有一年春节，哥哥回来了，他已经好几年没回家了，那时我八岁。记得一开始还挺好，我们都哭了，不知怎的，爸爸喝醉了和哥哥吵起来，吵得很凶，爸爸拿啤酒瓶砸在哥哥头上，哥哥捂着头骂了一句，摔门而去，从此我再也没见过他。前年爸爸去世哥哥也没回来，记得爸爸和我说的最后一句话就是"我对不起你哥哥呀……"。

学员N：我最讨厌的就是过生日。就在我过完十三岁生日之后的第三天，爸妈离婚了，我跟着妈妈走出家门的时候，看见那个女人挽着我爸的手。我恨爸爸，恨那个女人。我心疼妈妈。我至今单身，我讨厌自己，我觉得我要是不过那个生日，爸妈或许就不会离婚了。从此，我再也没过过生日……

学员O：我最喜欢的一次旅行是在高考结束那年，我如愿考上了梦寐以求的大学，选了最喜欢的医学专业。那个暑假真是令我记忆深刻，我们一家人，还有我高中最好的朋友一家，一起去了三亚。作为北方人，我一看到那里的海就沉醉了，现在想起来还会笑。如今我已是两个孩子的父亲，最喜欢的还是在孩子的假期带他们去三亚玩，尽管已经去过好几次了，每次去依然很开心。

学员P：我最难忘也最伤心的是十年前的情人节，与我热恋五年的女朋友宣布和我分手，我至今都搞不明白，为什么她要选择那个日子，是让我一辈子都记住吗？听说她去了国外，也没什么啦，我过得也很好，就是不喜欢这个节日而已。

亲爱的朋友，极致的反差会让记忆更沉重或更快乐。像这位朋友，情人节本是恋人最好的节日，但对他而言却意味着分手。有些节日或特殊日子的背后有刻骨铭心的往事，好像生命在那一天打了一个大大的结。书写让你不再纠结，让你充分调动那天所有的情绪，再充分释放。反复练习，你会重新爱上那一天。

练习五：如果让我回到那一天……

这个书写练习是很有必要的，它不那么限定，每个人都会因为过去产生负面情绪，也许你会想起自己做的某件事，自己和某个人的关系，自己的某个失误等等。这个练习会让你找到那些感觉，并抚慰它们，让你释怀。

做这个练习不要克制自己，更不要伪装，越是真情流露就越自由。那些糟糕的体验有愧疚、羞耻、内疚，因为自己当时没做到最好，所以你才会否定、打压、隔离过去。

学员Q：如果时光能够倒流，我想回到六岁，那时我的乖巧懂事深受爸妈喜爱，姐姐和我很不同，她很调皮、不听话，经常和小朋友发生矛盾，家长就找我爸妈告状，爸爸会罚姐姐下跪，不让她吃饭。

有个周末，爸妈有事临时出门，我和姐姐在家玩，我不小心把爸爸的手表摔坏了，他们回来后质问我们是谁摔坏的，姐姐说是我，而我的手指向了姐姐。那一次，爸爸用腰带打了姐姐，说她撒谎，罚她跪了很久很久。看她没吃饭，我拿着蒸包走过去，姐姐甩手把包子打翻，紧咬嘴唇，眼睛噙满泪水，使劲盯着我……

至今我都觉得姐姐还在用那样的眼神盯着我，我总会梦见姐姐原谅我了,每次都会哭醒。这些年我们来往很少,姐姐高中辍学去了北京,平常我给她打电话她也是随便寒暄几句。我觉得是我害了姐姐,若时光倒流,我愿回到那一天,我要和爸妈说出真相——那个打碎手表的人,是我。

这位学员,你让姐姐蒙冤,遭受皮肉之苦,而你也受到了惩罚——终生背负愧疚。如今的你不但要让那时的姐姐原谅,也要原谅你自己,这些年那个六岁的女孩已经承受了很多,宽容她吧。

学员R:如果让我回到过去的某一天,我要回到初三。那时坐在后排的男孩给我写纸条,说喜欢我,当时的我一心学习,被他的举动吓坏了,至今我也搞不明白自己当时怎么想的,居然把这张纸条交给了班主任。

班主任极其严厉,从不给学生留情面,当着全班同学的面读了纸条,而我还理直气壮地和同学一起嘲笑他。那件事情以后,他变得更沉默了,从来不正眼看我,后来没毕业就转学了,大学毕业后听说他出车祸死了。

因为这件事,我至今不能原谅自己,我无数次骂自己是混蛋,甚至把他的死归罪于自己。到现在我从来不参加任何同学聚会,我消失在了同学们的视线里。若时光倒流,我愿回到那天,收到他的纸条时一定冲他微笑,并鼓励他好好学习。唉,写到这里眼泪还是止不住……

青春在留下美好甜蜜的同时也留下了苦涩和遗憾。在她心中,一张纸条改变了这个男生的命运。其实,情感是极其复杂的,没有任何人能拿捏准确。书写让时光倒流,回到初三那天,用内疚品尝青春的苦涩,其中,也会看到当年那个女孩。我想,她一定有自己的理由,她也不需要任何人原谅,她要宽恕自己,和自己和解。

如果让我写这个练习,我还会写奶奶。就让时光倒流二十三年,让我回到那个夏天，我一定会放下当时认为最重要的事情，去到奶奶的病榻前。没有看奶奶最后一眼，没有照料奶奶，成了我此生最大的遗憾。奶奶弥留之际，她最爱的孙子却没能在她身边。有段时间我很自责，无论当时我有什么理由，都不足以弥补我的内疚。

后来我不停地写日记，给奶奶写信，每到特殊的日子都会书写，就这样一点一点化解了心中的负罪感，原谅了自己。我知道，奶奶一定会原谅我，一定会变成最闪亮的星星，注视着我、庇护着我。

通过书写，我和奶奶又一次见面了。我脑海中浮现了很多画面，浮现了我们一起守护果园的日子。我看见了八岁的我，也看见了二十三年前的我：那天我听到奶奶去世的噩耗，我骑着摩托车，把油门踩到底，往老家狂奔，两行泪被风吹到了我的记忆深处……我就这样写着，写着，心中充满了感恩，我没有苛责当时的我，我包容自己了。

你也要这样，通过这个书写练习化解内疚和自责，你要允许自己悲伤、哭泣，你要看着那时候的自己，看着他无助的眼神，对他说："没事的，我在这里呢，我和你在文字里遇见了，你可以释然了。"

以上五个书写练习是需要你经常用的，不要轻视它们的作用，也不要欺骗自己的感情，你有多敞开，就有多包容。写完后，你可以在一种有爱的、自由的、安全的环境中把你的文字读给我听，读给团体听，或读给自己、其他人听。体验自己的全部情绪，觉察当下的感受，记住，你看到了过去的自己并与他同行，在拥抱他的那刻，你便和自己和解了。

练习六：写下你生命中记忆深刻的第一次和最后一次

在人的一生中，在出生和死亡之间，会发生很多第一次，也会有很多最后一次。琐碎平淡的日子正是因为有了第一次和最后一次，生命的底色才不再单调，即使是最为枯燥无奇的日子，也会因为它们而变得出彩和难以忘怀。

就心理咨询而言，我十分重视第一次和最后一次。来访者第一次和你见面的访谈充满了不确定性。他们经过了现实的诸多努力，并没有得到他们真正想要的。他们找到咨询师的时候正是满怀希望又忐忑不安的，甚至很多人确实以为自己已走到绝境了，咨询师成了他们唯一的救命稻草。此时咨询师的任何表现都可能让眼前这个人掉入深渊或重建希望，多年之后他们对于自己生命历程中的这个阶段，对于第一次见自己的心理咨询师的情景，历历在目，就像初始印象，会牢牢印在脑海中。

最后一次同样重要，你们一起经历了心海沉浮，走进了内心最深处，来访者把自己的脆弱、羞愧、不堪、黑暗统统暴露给了咨询师。你们整合了很多冲突，缓解了痛苦，却又不得不面临分离，这是值得骄傲的，同时也是残酷的，这是心理咨询必然会有的设置——双方从一开始认识就注定要分离，分离后在以后的生命中几乎再无任何交集。

有玩笑说咨询师就像受虐狂，人们在最不好的时候才见他，等到变好了就离开，咨询师就再迎接下一个痛苦的人。最后一次访谈需要处理分离带来的焦虑感，有时可能需要几次访谈来实现这一点，但走出咨询室彼此告别的那一瞬间，依然会令人印象深刻。

在整个心理咨询过程中，我也十分重视来访者的第一次和最后一次。比如我会问："你第一次有这种感觉是什么时候？""你最后见他的情景是怎样的？""你还记得你第一天服药后的状态吗？""你最近一次有这样的想法是什么时候？""爸爸离开时说的最后一句话是什么？"等等。第一次和最后一次就像心灵的晴雨表，记录着某种情绪状态或动力变化的两端，可能意味着某种冲突的开始，或是某种心态转变的十字路口。准确地把握来访者生命中第一次和最后一次的故事、感受，就会和来访者一起回到那个时刻，揭开事情的缘由。

无论是谁，生命中的第一次和最后一次都同样重要，把它们详细写下来，不要有遗漏，这是对自己心灵十分有效的探索。相信无论你如何变化，都会清晰记得你的初恋、初吻、第一次性爱，你也会清晰记得你家宝宝出生的瞬间，会记得亲人离世前你们的最后一次见面，会记得你的大学毕业、第一天上班、第一次坐飞机、最后一次踢球、和某人遇见的那一天、和某人分手的那个午后、送孩子上大学的场景、你们在离婚证书上签字的那个时刻……

10

六个写作练习，让你与过去的自己和解（2）

用书写记录生命中的许多第一次和最后一次，你会发现，你的人生好像有了一个脉络，你在其中游走，就好像重新走了一遍过往的生命旅程，重新审视过往的岁月，以及岁月里的自己和他们。就像学员们的描述。

学员S：第一次见他是在大学一年级，我去食堂打饭，他就那么跑过来，塞给我一张纸条，上面写着"我喜欢你"。当时，我头皮发麻，心脏就快要跳出来了，甚至都没看清楚他的样子，只记得他满头大汗，抱着一个足球。我忘了是怎样打饭、吃饭的，那张纸条都快被我攥出水了。我生怕宿舍的姐妹们知道了笑话我，我的脸很烫，用力把那张纸条压在枕头底下，生怕那四个字从里面飞出来。之后，我们相爱了……

学员T：妈妈之前生病三年，最后癌细胞扩散到全身。一天下午，同学叫我和他一起送个东西,中途很不顺利,于是我回家很晚。在大门口我就听见了姐姐的哭声,我一进门就看见了妈妈,她双眼紧闭,脸像一张白纸,整个身体和床单一样铺在床上。我忘了自己有没有哭,但我知道,这是我最后一次看见妈妈。

学员U:我有个好朋友,我们一起上学、放学,她性格活泼开朗,经常逗我开心,和她在一起真是快乐,什么不高兴的事到她那儿都会烟消云散。那天下午我们像往常一样放学回家,临别时她还送了我一把野花,有白的、黄的,很有生命力,有种泥土的香味儿。没想到,那却是我和她最后一次见面。第二天早上,她没有像往常一样来找我,中午我得知了一个噩耗:她上午去看住院的奶奶,路上出了车祸,她死了……

学员V:我生命中有很多第一次,都让我记忆犹新。十岁那年爸爸带我去潜水,那天天气特别好,在教练的陪同下我潜到了水中,看见了好多美丽的鱼儿和珊瑚,我真不想上岸,也想变成一条鱼,变成那种红色和黑色相间的鱼,因为我觉得它们好惊艳呀。

印象最深的是生我家宝宝的时候,我记得自己在产房大概待了三个钟头,我真虚脱了,那个过程我一辈子都忘不了,也不想再有任何相似的体验,死的心都有了。我躺在那里像个被宰割的羔羊,奇怪的是当护士把宝宝抱给我看的时候,我突然哭了,忘记了刚刚那一切,觉得死了也值。

学员W:我生命中最惨烈的第一次就是被分管领导和经销商联手陷害的那一次。当时我的销售业绩越来越好,在一次联合销售会议上,经销商冤枉我串货,诽谤我在他们片区吃回扣、不作为,主管听信了他的一面之词,当着所有同事的面宣布我的业绩归零。当时我只觉得血往上涌,大脑一片空白,浑身颤抖,随即我愤然离开。不知怎的,我疯了似的跑到附近学校的操场,在那里不要命地跑啊,跑啊,跑啊,直到虚脱，我几乎晕倒在了跑道上……从那之后，我心情低落，后来被辞退。那段时间我几乎绝望，每天泡在酒吧里。直到今天，我想起来还是会生气，可能抑郁症也是从那时候开始的吧。

看着他们的第一次和最后一次，我感受到了他们在那一刻的心情，也知道那些不同凡响的第一次和最后一次给他们的整个人生带来了多么大的影响。他们写完后陷入了不同的情绪状态。彼此读出来的时候，他们有的声音哽咽，有的痛哭不止，有的激动发抖，有的把本子撕掉……不管如何，他们都在书写时回到了那个重要时刻，在那里和过去的自己重逢，疗愈脆弱的自我，也看见了他们生命中至关重要的那个人，无论是爱还是恨，都随着书写被接纳了。

书写第一次和最后一次之所以至关重要，是因为这样会降低此时此刻的焦虑。影响生活质量的不仅仅是当下的挫折，还有那些不能释怀的第一次和最后一次，里面包含了各种各样没有完整表达、释放的情绪体验和感受。当情绪没有被充分表达，剩余的部分就会压抑在潜意识里，会不经意地冒出来，借由现在的困境补偿性地释放。

所有未完成的体验都是不同程度的创伤，需要再次整合，心灵书写就是很好的整合方式。你可以试着练习，在安静、安全的环境下，尽情写下你生命中难忘的第一次和最后一次，写的时候不要有任何顾虑，也不要像小学生写作文一样把它当作任务，没有人给你评分，只有你和曾经的第一次、最后一次。

写的时候要注重当时的感受，而不是事件本身，如果有些细节遗忘了就用现在的联想填充，或者索性空着。只是不停地写，暂时忘记用大脑思考，盯着你的每个字，用心感受它们，就像孙悟空元神出窍，灵魂真的回到了第一次、最后一次的感受里。写一会儿后，你可以把本子放在一边，独处一会儿，让思绪任意遨游，过半小时后再打开本子书写，继续回忆细节并感受，然后把你的书写读给你最信任的人听。若有顾虑，那就对着镜子读给自己。

不要管你的泪水，放下对自己的苛刻，让紧绷的身体完全放松下来，你值得温柔地对待自己，对待那些第一次和最后一次。

你若是第一次做这个练习，那你生命中的第一次体验又多了一个，你完全可以把做这个书写练习时的感受、体验写下来，看看这个过程中发生了什么，给你带来了怎样的启示。

第四章

用书写哀悼失去，用书写解脱束缚

1

写下关系中相似的感受

这一篇的书写属于高功能练习,它会帮助你直接看见自己的感受范围,而范围的清晰会让你遇见潜意识。

在我的咨询工作中,我常常用感受对接感受,用情绪承载情绪。如果你是个特别理性的人,会觉得很奇怪,因为你不太相信感觉之类的东西,觉得它是那么唯心、那么虚无缥缈、那么神秘不可言说,所以你更相信分析和解释。但影响人的却是感受、直觉、体验、领悟。

在心理治疗中,解释、分析、讲道理之所以有效,在我看来是因为以下三种情况。第一,你们的关系已经很牢固,对方能够听进去你的解释,并试图理解。第二,是短期的心理治疗,你们没有太多时间产生关系并感受彼此。第三,对于自我功能较弱的来访者,你不得不用指导性干预阻止其退行。除此之外,一切好的治疗效果都来自感受,寻找相似的感受成了极其关键的一环。

第四章 用书写哀悼失去，用书写解脱束缚

我想让你通过书写辨认相似的感受，辨认相似的感受就是辨认你在关系中的互动模式。现在拿出纸笔或打开电脑，开始吧，我会指导你走近它们。

写下当下你最亲的几个关系，就从脑海中浮现的几个人开始，他们很可能是孩子、伴侣、父母。接下来我会用孩子举例说明。请注意，平常的思索都是关于事情、语言、行为、外在表现的，你很少关注内在感受，所以现在先让自己平复，深呼吸几次，最好一个人什么也不想地安静一会儿，这便于进入状态。

第一，写下近期对孩子的感受。不是你觉得的孩子的感受，而是你自己的感受。猜测他的感受是假设，你自己的感受才是真实的。你不需要粉饰，就你一个人，不用害怕你的字会公布于众。

许多人分不清感受和想法，感受来自心灵，想法产生于大脑。"我很悲伤"，你的表情、神态就带着答案，事情引发的情绪完全是自己的，不是任何评价导致的，你不需要说出来，它就真实存在于你身体里，你真的觉得悲伤。头脑出现的任何说明都是为了缓解悲伤，而不是悲伤："我认为这个时候应该悲伤"是个想法，是大脑的指令，听起来好像要听谁的安排、怎样做才对，而不是一种突如其来的情感。

如果你区分了想法和感受，就会写下孩子最近让你着急、紧张、焦虑、生气、无奈、自责、愧疚，这些是感受。你有这些感受是因为另一个人，那就是孩子，所以你的感受来自关系，并非凭空而来。

第二，写下孩子做了什么才让你有此感受。比如写作业拖延、不好好吃饭、玩游戏时间太久、成绩退步、顶嘴、哭泣、不听话、上课不专心……写到这儿，你找到了感受的来源——孩子的一些行为导致了你的负面感受。

以为这个书写可以告一段落了？不，你错了，接下来，写下你跟孩

子那么大的时候,你对妈妈的感受,这是第三。注意,这是大约的年龄,不一定非得孩子十岁你也十岁。你可以写"我感到生气、委屈、无奈、伤心、急躁"。

第四,写下妈妈做了什么才让你有这样的感受。比如唠叨、责骂、严厉、催促、贬低。我只是用几个词语表示,你也可以写下妈妈具体是如何做的。

好,现在你可以寻找相似之处了,记得写下来。虽然时隔多年,但你都是当事人,无论是你和妈妈,还是你和孩子。拿生气举例,你曾因妈妈这样对待你而生气,现在又因为孩子的行为而生气,你对妈妈的情绪在你和孩子的互动中重现了。重现会让你采取和妈妈当年相似的行为,你因为妈妈的责骂而生气,也会因为生孩子的气而责骂、唠叨孩子。

不知这样的解读你是否理解,心理学解释为关系模式的移情,简单说,在你和孩子的关系中,你正在重复使用一种习惯。潜意识让你采用了你当年讨厌的方式对待自己的孩子,你为了让自己不那么难受,启动了愧疚来责罚自己,这也有可能是你的妈妈当年的感受。需要说明的是,"妈妈"只是一个代指,也可能是爸爸、奶奶等重要养育者。

你的生气、无奈除了来自自身,很可能也有孩子的部分。也就是说,孩子也会有生气和无奈。我若让孩子写下来,他写的你的行为很可能和你的妈妈当年的行为有相似点。你正在让孩子品尝你曾经品尝过的滋味,体会你曾经的苦恼,这是一种很深的连接。

写到这儿,你会发现有很多感受让你有似曾相识之感。那么,究竟怎样才是自己最真实的感受呢?事实上,你的感受都是真实的,你、你的妈妈、你的孩子生气也是真实的,这毋庸置疑,真正需要弄清楚的是为何会相似。这涉及人格养成。精神分析客体关系学的基本假设是:人格养成基于早年养育模式。而我举的例子只是其中很单一的一条线。

习得的养育经验内化为人格，排除先天基因和特质，你很难摆脱这种模式，甚至不能有所觉察。最安全的就是最习惯的，潜意识也按照这种模式运作。也许你会否认：当年父母是苛责的，而我对孩子是包容的。是的，这极有可能，心理学称之为"补偿效应"，你不愿孩子和你当年一样被不恰当对待。但事实往往不如人愿，你的包容很容易走向极端，你很容易变得敏感，对孩子很可能变成过度保护或放纵，在这种相反动力下，孩子很容易变得过度依赖或自由散漫。等到孩子变得胆小、自卑、撒野、无节制，你就很难继续包容，会用严厉、苛责的方式，你绕了一圈又回来了。

事实上，人格养成是多方位的，社会文化、宗教信仰、周边环境、经历的事件、学校、长辈、兄弟姐妹都会对其产生影响，而我谈论的只是家庭养育，这也是最直接、最重要的。

你一定会问该怎么办。一方面你要反复进行这一篇的练习，不停书写、描述、体验各种相似的感受。你在这么做时，就已经改变了，不被意识觉察的情绪正在通过笔一点一点地浮现，这本身就是疗愈。另一方面你必须懂得：有一千个家庭就有一千种互动模式，你需要做的是让感受的相似性清晰明了，确认其中千丝万缕的联系。

整理自己的人格特点就能明白关系里的困惑，书写是其中一条途径，还可以通过参加体验式沙龙、小组或是一对一的咨询来多方位进行。

记住，所有相似的感受一定会泛化，它们不仅存在于你与孩子的关系中，也存在于你与其他人的关系、与金钱的关系、与工作的关系中。无论它们伪装得多么难以辨认，一定有迹可循。

2

给二十年前的父母写封信

现在我想让你做一件事情：与过去的关系产生连接。

让你这么做是源于我的心理咨询经验。找到我的成年来访者大多为当前境遇所困，这些困惑基本分为两种。第一种是自己的内心冲突或现实冲突。比如找工作时迷茫、面临失业、退休、抑郁、强迫式思维、内心孤独、无意义感。第二种是当下的关系。比如孩子叛逆不听话或有学习障碍、伴侣出轨、与父母产生冲突、人际关系障碍、失恋、婚姻危机等。他们的共同点是不关心过去，他们只想解决当前的问题，认为过去了就过去了，干吗还要提，或不认为自己和伴侣的矛盾与曾经自己和父母的关系有关。有的人会感觉好像和过去有那么点联系，但并不知道是什么。

其实，联系很大。一个人早年的养育关系决定了其以后的关系模式，这是精神分析客体关系取向的一个基本假设。"三岁看大，七岁看老",古人的智慧朴实又深奥,和弗洛伊德等西方心理学家的观点不谋而合。

精神分析认为,一个人的人格在六岁以前就已形成,之后只不过是年复一年的重复。这里最主要的因素是内化。三岁以前你的世界是什么样子的,可以想象一下:你的世界只有家庭,家庭成员之间的互动就是你的世界观,比如父母的互动、父母的人格、父母对待你的方式。这里的父母泛指养育者,也可能是爷爷奶奶、姥姥姥爷、养父养母等。上了幼儿园,你接触了另一个世界,那里负责教授你团体概念和规则,但那时的你还是以家庭为主。

关系、模式、氛围被你内化,从而形成了你最初的人格,形成了你最初看待世界的观点——世界观,形成了你看待自己的观点——价值观。

如果因为不能和男性建立亲密关系而来咨询,最终发现这不过是儿时和父亲的关系所致,你就会明白,曾经的养育关系是多么重要。你从未有过亲密体验,不能依赖别人,养育者指望不上,父母充满了苛责与冷漠,你就不认为关系是安全的、稳定的、持久的,因为你从未有过这样的经验。如今的你走入亲密关系时,不能不心存戒备,本能地以为对方是靠不住的、指望不上的、不安全的,你会启动自己的世界观来看待当下的关系,会认为关系一旦紧密你就会遭受伤害,像曾经那样。因此,为阻止伤害,你会躲避、逃离、推开对方,刺激对方离开你。但对方离开后你会失落。因为你并不认为是自己的原因才导致了分手,所以你会痛苦。如此反复,恶性循环,最后不得不寻求心理帮助。如此,你大概知道早年养育关系的重要性了吧。

怎么办呢?这个问题问一千个人有一千个回答,每个养育者的人格不同,被内化的感受也不同,因此没有公式化的答案。但我可以告诉你，你可以用心灵书写的方式和过去连接。

给养育者写封信吧。这封信有三个重大意义。

宣泄情绪

很多情绪在当时当刻没有及时释放，被一点一点压抑，慢慢堆积，最终你才会在现在的某个场景中失控。如果小时候被父母苛责，你内心是愤怒的、委屈的、害怕的，表现出来应该是对抗、哭泣、逃跑。可能你这样试过，但结果往往是被更加苛责、打骂。反抗无效的你在遇到类似的事情时只能压抑、默默承受。

成年后的你面对孩子不听话，往往忍不住严厉对待他，把当年未曾释放的情绪投射给孩子，但你并不认为这和当年有关。如果伴侣苛责你，你的愤怒和委屈会变本加厉地爆发，从而破坏关系。

通过写信和父母隔空对话，相当于把现在的力量给予儿时的自己，让曾经的你释放情绪，喊出所有不满，把强烈情绪发泄在纸上。

并非不孝顺

你要抵制不孝顺这个想法的干扰，太多痛苦源于内疚，这样做会让你觉得对不起父母的辛苦。再次重申，这不是不孝，而是更真实的孝顺。当年父母意识不到这会给你压力，更不会想到影响你将来的家庭和亲密关系，如果知道，他们就不会那样做了。最大的不孝是压抑真实的不满，强迫孝顺。潜意识会把不满投射到他人身上，很多情况下会投射给伴侣和孩子。当你把曾经的情绪释放后，短暂地痛恨父母后，就会对他们宽容，这是个过程，你必须经历。

在现实中改变和父母的关系

你已不是当年那个孩子,父母也已苍老,你需要做的是还原当年的他们和自己。负责任地告诉你,当你这样做的时候,你会发现你们现实中的关系也会改善。你不需要把这封信给别人,更不需要给父母看。本质上,这是你和过去的自己的对话,你在用成熟的方式干预当年那个脆弱的你,你也在拥抱当年那个孩子,这也是心理咨询师常做的事。

这封信你也可以写给自己,写给曾经的你。安静的环境,一个人,让所有情绪释放在每个字里,任凭泪水打湿信纸。写信时即使有那种不可抑止的情绪,也不要阻止写下去的念头。你可以大声读出来、骂出来,都没关系,因为此时,你不是你,你是那个孩子,那个久远岁月中的孩子。

其实,我不是在教你如何写信,我不会让你注意结构和语法,这是心灵书写,心灵没有结构,只有情感。它可能会把你变成以笔为利爪的野兽,最后你可以像野兽一样把这封信撕得粉碎抛向天空,或付之一炬,也可以珍藏起来,那是你的自由。

我想,你如此聪明,定能举一反三,这封信同样可以写给未来的你,也可以写给伴侣、敌人、前任、孩子。你可以连续写很多天。

学员书写练习:给三十年后的自己的一封信

作者:精灵

亲爱的自己:

你好!我是三十年前的你,还记得我吗?虽然不能在现实中见面,我们还是隔空拥抱一下吧,咱俩都要好好儿的!

亲爱的自己，此刻的你正在做什么？是在读书吗？退休之后有了更多属于自己的时间，你终于可以随心所欲地在书海里游弋了，这样的感觉一定算得上酣畅淋漓吧？现在的我好羡慕你！或者，你正在旅游。拉萨、大理、台湾……无论身在何处，你一定领略了祖国大好河山的美丽，也一定感受到了全国各族人民的善意，我猜得没错吧？

噢，对了，当了姥姥的你一定开始享受天伦之乐了吧？可爱的小外孙是不是像极了贝儿小时候，聪明、勇敢又淘气？真为你高兴，我最最亲爱的自己！

亲爱的自己，你的身体挺好的吧？或许你已经满头白发，脸上也一定爬了更多的皱纹，是吗？这都没关系，别让皱纹刻在心里就行！我相信你一定一直在坚持锻炼身体，毕竟，在这仅有一次的生命历程中，唯有健康的自己是陪伴你最长时间的人。不论是什么，如果与生命安全和身体健康起了冲突，那就可以果断地放弃，毫不犹豫！

亲爱的自己，你可曾通过不懈的努力步入了心理咨询师的阵营呢？我相信，你一定能更好地处理自己的情绪，也一定能让全家人以及身边的朋友因为你懂得不悔过去，不忧将来，享受当下，对吗？能笃定地做自己喜欢的事情，就是最了不起的，真为你骄傲！

亲爱的自己，你是否还在坚持每天录一个故事给小朋友们听呢？想来，从2016年8月1日开始，你每天录一个故事，通过微信、微博等平台分享出去，就算外出培训、旅游都没有中断过。同一个精灵，已经从阿姨变为奶奶了呢！这样的一份坚持陪你走过了三十多年，确实值得我为你手动点赞，至少一百次！来，让我给你一个大大的拥抱！我真的好爱你！

亲爱的自己，你是不是还会经常和闺密、好友小聚？还是喜欢一起喝咖啡、看电影吗？步入老年的你一定要好好珍惜每一次和朋友们见面的机会，毕竟下辈子能否再见还是一个大大的谜。每天坚持学习英语是否已经让你不需要字幕就能很好地享受英文电影了呢？你可曾看了《厉害了，我的国》的续集？

亲爱的自己，每天读书，每周读一本书的习惯你还在坚持，对吗？还记得《一切都是最好的安排》那本书吗？这一生所有的遇见都是美好的，心怀感恩又步履坚定地前行，就不会白活一辈子！

亲爱的自己，今天是结婚纪念日，老公答应陪我一起去看最新上映的电影，他在楼下等了好半天了呢，我就先不和你聊了，等我看完电影再分享给你，乖乖等我噢。

亲爱的自己，谢谢你一直陪着我，我爱你！

你最最亲爱的自己
2018年6月9日

冰千里：

精灵，你我虽未曾谋面，我却早已熟知你的声音。我说过的，你的声音让你的文字长了翅膀，谢谢有你一路陪伴。我也相信，三十年后，我们依然在一起，你的声音依然会这般年轻、清脆、空灵、童真。因为，声音是不会有白发的。

从你给自己的信中，我看到了你所有的向往，是那么温暖明媚、那么懂得生活、那么恬静从容。其实，这一切你正在拥有，三十年后的你一定为今天的你感到骄傲，好好爱自己、爱生活。

读久了别人的文字，今天就读读自己的文章吧，祝福你。读出来吧，精灵，深情地、充满爱地，读给未来的你……

3

给逝去的亲人写封信

在诸多的分离体验中，至亲至爱的去世无疑是最大的丧失，它是如此不可控，如此决绝，且永不可逆。这是个复杂的话题，任何微小的区别都会造成截然不同的感受，慢性病去世和突然暴毙区别巨大，亲眼看到和后来听说区别巨大，三岁、十三岁、三十岁对丧失的感受完全不同，你和去世亲人情感的深浅也不一样……

面对亲人去世，每个人采取的保护措施也不同，压抑是通常会用的自我保护措施，这是一个自然的过程，持续一段时间的哀伤后，人会慢慢恢复常态。否认、解离、分裂是很原始的保护，为了抵抗丧失带来的湮没感，主体付出了惨痛的代价。

有个老妇人丧偶多年，独自带大了儿子，母子俩相依为命，度过了一段又一段艰难岁月。儿子很懂事也很争气，考上了名牌大学。在外地求学的第一学期，老妇人备受煎熬，天天思念儿子，心中却欣慰无比。儿子是她的骄傲，是她生活的全部。

儿子要放假回来的前一周，老妇人就开始张罗，亲手腌制腊肉和火腿，那是孩子小时候的奢侈品，也是他的最爱。老妇人买了好多日用品，甚至连冬天穿的皮衣都买好了。儿子该回来的那天，老妇人招呼了几个知己、亲戚，一切准备就绪，饭菜摆了一厨房，等儿子一下车就开始做，争取让儿子吃上热腾腾的饭。

儿子没按点回来，电话也不接，饭菜热了又凉，凉了又热。老妇人跑去车站，看到了黑压压的人群和忽闪忽闪的警灯。特大交通事故，死了三人，重伤多人，在死亡者名单里，有她的儿子。当时人们从她儿子手中拿出了一张几乎揉碎的硬纸片，上面写着"奖学金证书"。

从此以后很多年，老妇人一言不发，有时傻笑几声。一早去菜市场，回来开始做饭，每次都摆上满满一桌，然后看着。第二天再去菜市场买菜，再做上满满一桌，看着，不吃。第三天也是如此⋯⋯

我忘记了什么时候看的这个故事，至今印象深刻，每每想到都会难受。用心理学分析，原理很简单：痛失爱子让老妇人精神分裂，伴随严重强迫行为和大量幻想，采取的防御是否认和分裂。但心理学之外呢？老妇人心如死灰，谁能代替她承受？

这是一个比较极端的例子，感情深到唯一、突然的死亡、逝者正值年少、前后反差巨大，给生者带来无法弥补的创伤，一般人很难承受，最终不得不用分裂应对——当事人丧失了意识和现实，以此应对不可接受的事实。

美剧《扪心问诊》中有一位女性来访者，她小学时和爸爸去买冰激凌，他们在商店门口吃完第一支冰激凌，爸爸说要走，可是她想再来一支，爸爸给了她钱。在买好冰激凌边吃边往外走的时候，透过商店的玻璃门，她看见一辆卡车从爸爸身上碾过。她的胃突然痉挛，她将冰激凌丢在一旁，弯着腰摁着肚子慢慢倒在地上。从此，她一有重大情绪就胃痉挛，疼得无法呼吸。在关系中，她还有这样的典型模式：她不相信男人会真的关心她、温柔对待他，她总是激怒对方，让对方伤害她、打击她、羞辱她，这样她才觉得关系是合情合理的。大量分析证实，她把父亲的死归咎于自己：若不是自己吵着再去买冰激凌，父亲就不会死。于是，强烈的负罪感让她不停折磨自己以试图抵消罪恶感。

这个例子充分说明，至亲的死亡对当事人影响深远，因此，处理这部分丧失成了重要课题。没有经过充分哀悼，丧失体验就会残留在内心，以不同的程度影响当事人的一生。

这一篇，我要教你用书写的方式进行哀悼，用书写写出你的哀思和所有情绪。面对离开你的亲人、朋友，你可以用这样的方式，给他写封信，告诉他你想要对他说的一切。

先说明几点。第一，儿童需要在专业人士的陪伴下进行书写，且以玩的形式展开，儿童可以结合书写、绘画、游戏。

我的一位小来访者的奶奶去世，在我们已经共同工作了二十次的基础上，那天看起来她并没有什么异常，但我知道这都是表面。我让她用颜色代表情绪，然后涂满桃心。她一共用了五种情绪颜色：悲伤、害怕、生气、开心、激动。在涂桃心的过程中，开心、激动、害怕只占了十分之一，悲伤和生气占了绝大多数。我问到时，孩子含着泪说奶奶去世让她很伤心，有个同学骂奶奶让她很生气。

剩下的时间里，我都在疗愈孩子的这个部分，这个部分不能释放，她就没法面对其他任何问题。我结合了绘画和书写,指导孩子做了一棵生命树。这棵树是她和奶奶的生命树,所有的树干、树枝都写下和奶奶难忘的回忆,以及想对奶奶说的话,然后涂上颜色进行装饰。整个过程,孩子极其认真、投入,有一点瑕疵都要仔细修改,而之前她从来不画画,也不做手工。

悲伤和愤怒在制作生命树的过程中被一点点化解,最后变成了浓浓的思念和爱。她拿着和奶奶的生命树回家了。当然,哀伤需要过程,一次就可以完全化解的情况并不存在。

这是专属于儿童的心灵书写的一个片段,我用几百字向你简单陈述,或许以后有机会可以单独和你详细介绍儿童的书写。

第二,不适合自我功能很弱的人。安全感和自我意识薄弱容易导致二次创伤,与儿童一样,他们需要在专业人士的指导下进行书写。

第三,不适合刚刚经历丧失或遭遇巨大挫折的人。这个时候他们需要的是陪伴、共情和倾听,需要的是值得托付的人在身边,拥抱他们,和他们一起哭。亲人去世马上动笔是一种隔离。

第四,需要仪式感。这是极其重要的,所有的无所谓和敷衍都是不敢面对和逃避,说明还没有准备好。不要强迫自己。只要你存在这样的想法——这很可笑、很无聊,本来早就忘了,为何还要旧事重提,本来没事非要整出点事——那就还不到时候。

如果没有以上问题,你就可以做这个练习了。选一个安静的空间,那里只有你和逝去的亲人,关掉手机,保证不被打扰。让自己所有情绪都集中在你和他之间,如有可能,可以找出他的一件物品或一张照片放在身旁。现在,拿起笔或打开电脑,从写下他的称呼开始吧。

建议分为三个部分。第一部分,自由书写。让情绪任意飘散,让泪水任意滑落,不要思考、不要评价、不要控制、不要约束,让文字自由流淌，让意念肆意驰骋，你只需要不停地写。

　　第二部分，唤回你的意识。他就在你身边，告诉他你心中的一切：你的想法、你的伤悲、你的愧疚、你的无知、你的思念、你对他所有的爱与恨、你们一起经历的种种、你对他的评价和看法、你们的亲密与误会、你没来得及做的事，以及这些事情让你产生怎样的感受，表达你对他的愤怒和爱恋，他走之后你的无助无奈、内心的无依无靠、你的懊恼和追悔。

　　这个过程一定伴有大量回忆，甚至本以为早已忘记的事情也会有很多细节浮现，还会伴有大量梦境和强烈的伤悲、无助，甚至绝望和罪恶感。建议你在身边准备一杯咖啡或你最爱的毛毛熊，当你情绪失控，无法落笔时，你可以暂时缓解一下，但千万别离开。

　　继续写下去，最让你难以忍受的就是你们连接最深的，也是对你影响最大的，这会关系到第三方，也会关系到你当下的亲密关系。不论你多么不堪、孤独、有无意义感，不要停，坚持把这封信写完，不要有任何保留，要知道，痛苦的减轻并不那么容易。

　　第三部分，告诉他你的近况和人生规划。这个部分属于收尾，你要让对方知道你的现实，知道当前的你处于哪种状态，也要告诉他，他对你的影响，和他说说你对自己的规划，你当前最骄傲的事情，你的笃定和勇敢。就像他还没有走，存在于平行空间，他有权知道发生在你身上的一切。斗转星移，在内心最深的地方，你们通过书写遇见了，这难道不应该感恩吗？

　　毫无疑问，这一篇书写练习具有重大意义，它让你变得勇敢、开放，让你蜷曲的身体得以舒展，让你和至亲至爱产生了连接，让你不再孤单。这个书写练习不限于一次，具体频率和时长根据你的感受而定，直到你觉得可以结束为止。

第四章 用书写哀悼失去,用书写解脱束缚

练习完毕,你可能会很累,浑身乏力,去好好休息一会儿吧;或者做一些具体的事,任凭脑海中的所有念头来来往往,只是看着它们,不要去控制它们。你可以抱抱自己,犒劳一下自己,因为在练习的时候,你消耗了很多能量。

随着不断练习,你慢慢会发现,自己变轻松了,心柔软了,对有些事情不那么执着了,你觉得有力量了,那种力量由内而外,不可抵挡。最重要的是,你和逝去的亲人靠近了,你释然了、放下了,不再背着包袱艰难前行了。最后,你写的信是撕毁、烧掉,还是珍藏、发表,都不重要,重要的是,你和自己的过去和解了。

写这篇时,想起了李宗盛的歌:《新写的旧歌》。抛去艺术成分,这首歌十分真挚地道出了李宗盛大哥对父亲的情感,歌词就是一封信,一封儿子与去世父亲的和解信:

比起母亲的总是忧心忡忡

是啊

他更像是个若无其事的旁观者

刻意拘谨的旁观者

遗憾

我从未将他写进我的歌

然而

天晓得这意味些什么

然后我一下子也活到

容易落泪的岁了

当徒劳人世纠葛

兑现成风霜皱褶

爸　我想你了

到临老　才想到要反省父子关系

说真的　其实在回答自己

敷衍了半生的命题

沉甸甸的命题

它在这里　将我拽回过去

像个终于灵验的咒语

那些年只顾自己

虽然我的追求

他无能　也无力参与

只记得　我很着急

也许　因为这样

没能听见他微弱的嘉许

我知道　他肯定得意

只是等不到机会

当面跟我提

思念其实不是

不是这个歌的主题

我相信不只有我

在回忆时觉得吃力

两个男人

极有可能终其一生只是长得像而已

有幸运的　成为知己

有不幸的　只能是甲乙

若是你同意

天下父亲多数都平凡得可以

也许你就会舍不得再追根究底

我记得自己

当庸碌无为的日子悄然如约而至

我只顾卑微地喘息

甚至没有陪他　失去呼吸

一首新写的旧歌

它早该写了

写一个人子　和逝去的父亲讲和

我早已想不起　吹嘘过的风景

而总是记着他　混浊的眼睛

用我不敢直视的认真表情

那么艰难地挣扎着前行

一首新写的旧歌

不怕你晓得

那个以前的小李　曾经有多傻呢

先是担心自己没出息

然后费尽心机想有惊喜

等到好像终于活明白了

已来不及

他不等你　已来不及

他等过你　已来不及

一首新写的旧歌

怎么把人心搅得

让沧桑的男人　拿酒当水喝

往事像一场自己演的电影

说的是平凡父子的感情

两个看来容易却难以入戏的角色

能有多少共鸣

一首新写的旧歌

怎么就这么巧了

知道谁藏好的心

还有个缺角呢

我当这首歌是给他的献礼

但愿他正在某处微笑看自己

有一天当我乘风去见你

再聊聊　这歌里

来不及说的千言万语

下一次我们都不缺席

比起母亲的总是忧心忡忡

是啊

他更像是个若无其事的旁观者

刻意拘谨的旁观者

爸　请你从此安心　待在我的歌

学员书写练习：有些爱，一碰就流浪

作者：若爱咖啡馆

一张脸、一段对话，时间太久都会忘，渗透悲伤。记忆却拴住心脏，封印了那些信仰，好凄凉……

第四章　用书写哀悼失去，用书写解脱束缚

傍晚，临窗远眺，窗外华灯点点，今夜是一个沉沉的都市夜。再坚强的人，也有把眼泪压抑成难言之隐，像陀螺般硬生生在原地打转的时候，没有谁生来就会戒心伤。

而今，我学会了不用言词形容纷扰，代价却是用继续的硬抗弥补现实里的等待，这样寂寞的时候也自由——这该是怎样的洒脱？

你终于成了我的过去，我不是女神，也做不到时刻保持完美状态。我不爱你了，也不恨你，我们之间需要长久戒掉联系，之前宛如一场游戏、一场幻境，让之前统统见鬼去吧。

我自己也不清楚是从什么时候开始想通的，这种心态来得很突然，反正到最后你给我的定性就是"心思深沉""伺机而动""图谋不轨"。可只有老天知道我是有多蒙冤，你是有多懦弱，是你教会了我以后一定要对自己好一点儿。

我就像一个破旧的娃娃，你把我抛弃后连解释的话都没说半句，我也总不能扯着你的衣角寻死觅活地乞求变了心的爱情。通常，感情世界里一个人先变了心，剩下的那个不是苦苦追问，徒惹难堪，就是竭尽全力地挽回。抱歉，之前我这样过，以后，我不会把你当回事了。放开，自己过得更好。

我曾经深爱过的男人，和我拉着手无数遍地走过小街道，一起看过半价的首场电影……这是我们的过往，现在却越来越像幻象。有一些爱一碰就流浪，为一个人，戒一次念想。

曾经与你同床共枕，却各怀心事。想起你，我心里就会清冽而决绝，惋惜又幽怨。我也很想如你一样变得冷傲，可惜，我骨子里带的就是热情奔放。我是个爱笑的姑娘，现在、以后，都会是一个抱有希望，拥有正能量的坚强女人。

昨天，床下那个箱子里的日记本，我全部都和旧报纸一起卖了。那一页页彩色的纸、不同颜色的笔迹以及写满了你名字的所有过往，都被

我清理掉了，看着干干净净的床底、抽屉，心里无比爽快。

以后，我的身边会出现一个愿意陪伴我到老，保护我一生，呵护我一世的男人。一个遗憾的结局换来了最不可能的幸运——在遥望的远方，一切皆有可能！

和你分开了又怎样？另一段旅程已经开启了。

冰千里：

一段爱情结束了，也是一种丧失，也需要哀悼。曾经深爱的那个人，依然行走于这世界，却离开了你的世界。你的信，他不需要看到，写下来，就够了。

爱情究竟是什么？两个人如何走进彼此生命最深处，却又最终相忘于江湖？那些痛彻心扉的回忆，或许随着这封信碾作尘泥，慢慢滋养你流浪的心。

其实，那段关系里的自己，那些街道和电影，还有他、他们都在，都在你心中，只不过你用文字包扎好了他们，将他们安稳地放在内心的一个角落，没有爱恨，只有归宿。

我也看见，一个有力量的你，笑着，放弃了流浪。

4

写下你们一起去过的城市

雨刚停不久的夜，女贞花独特的香气飘进了窗，我坐在上海一家旅馆的书桌前，想起上午海蒂老师让我们做的一个游戏——拿出一张白纸，用彩笔画一颗大大的桃心，然后想这么五个人：一个永远在你心中的人、一个你有麻烦后寻求帮助的人、很愿意把秘密告诉他的人、邀请他进入你内心的人、曾住在你心里但现在走远的人。从这五人中选择一个最有感觉的，画出来，再把桃心剪下，拿着桃心沉思片刻，在背面给这个人写封信。

我注意到周边都安静下来，和平常的有说有笑形成鲜明的对比，同学们神情凝重，若有所思，有的甚至眼角挂着泪水，他们很认真地写着，仿佛这并不是一个游戏。我也如此，这本是教授我们面对青少年采用的游戏主题，但我认为非常有必要用于成年人，用于我们自己探索很重要的客体关系。

之所以重要，关键一环就是这封信，在这五个人里，最容易让人纠结的是曾在你心中很深现在又远离的人，这源于失去。失去会让你孤独、悲伤。给这个人写信，心中就会重新产生连接；以某种仪式道别，至少，让平时压抑的情感浮出水面，给内心一个交代。这就是心灵书写的一部分，只不过把它融进了游戏治疗中。

很多时候，你会触景生情。地点是引发情感的重要元素，你对某个地方念念不忘，并不是因为那里有什么特色小吃、美丽景点，而是因为那里留下了你的一段关系，以及关系中自己的情感体验。回想下，你对哪个城市有感觉，那里一定有你的故事，故事里一定有关系的连接。你怀念的不再是那座城，而是，那座城住有一人。

我描述孤独时常引用精神分析的这句话：孤独，是对不在身边的、失去的、爱的客体所怀有的痛苦渴望。关系断裂意味着丧失，丧失形成创伤，其程度取决于关系的亲密度和分别的浓烈程度，就像深爱的亲人突然身亡，就像最深爱的恋人不得不分手，当事人会难以释怀，毕竟曾经那么近，最后又不得不别离。这种体验被压抑在潜意识中看不见的地方，深刻地影响着生活，也影响着当下关系。

有位女士，到了不惑之年依然找不到可心的人，因为她从未放下十年前的恋情。她和男友热恋六年，准备结婚之际，男友因车祸离世，从此，她沉溺于抑郁的海洋。他们曾走遍了北方的许多城市，每个城市都留下了甜蜜的拥抱。痛失所爱的她从此不再旅行。

行为方面，我给了她一个建议：旅行书写。不剔除恐惧，就不可能吹散心中阴霾。我让她去曾去过的城市，写下那里曾发生的一切。我让她给男友写信。一封一封，一直写，她写了三十多封。我要她重温他们一起走过的岁月，在某个城市的某条街，在某个转弯的咖啡馆，在某个景点，凡有强烈情感的，都要写下来。我让她就住在他们曾住过的旅馆，写下一切。这不是残忍，不是的，把痛苦压抑在内心，让其无处可逃才残忍。我让她的情绪得以感知、流露，环境触发让她有所感，她把感受倾泻于信件，就能辨认所有压抑的情结。

这个过程的重点在于书写时的感受，不必管泪水是否打湿信纸。书写过程就是整合的过程，书写时就是在和内心无法割舍的部分整合。通过旅行和书写进行疗愈，我想，那一定是她此生最难忘的心灵之旅。历经两个月的书写后，在泪水滴落在许多城市后，她见到了阳光。我知道，她和过去的自己和解了。

这就是我今天告诉你的主题：重走来时路，并书写下来。

回忆里住着甜蜜和悲伤，书写的目的是让你真正面对后者，并吸收消化。请注意，重要的不是让失去的关系重新来过，重要的是释怀，是接受失去，接受失去带来的痛苦，并进行真正意义上的结束，而不是假装没发生。我见过复婚的夫妻、破镜重圆的恋人，但复合后的日子并没他们预想的那般幸福，曾经的裂痕并没被自我整合。记住，真正让你痛苦的不是失去那个人，而是关系里不够好的自己。

有首老歌忘记是谁唱的了：我和你走过的每个地方，都变成捆绑我记忆的墙。这句歌词形象地反映了这样的事实：昔日的甜蜜变成了捆绑。解铃还须系铃人，关系那端的客体虽不见，但地方还在，你可以还原回忆，提取情感，书写心灵，慢慢解绑。

"年年岁岁花相似，岁岁年年人不同"是触景生情的绝句，古人一直在用书写的方式缓解失去："人面不知何处去，桃花依旧笑春风""昔人已乘黄鹤去，此地空余黄鹤楼""伤心桥下春波绿，曾是惊鸿照影来"……当情感化作伤感的诗篇，人也就不那么悲戚了。多次书写会多一份释然，因为，你真真切切看见了自己的悲伤，并拥抱了它。

我把这一篇的书写称作"伤感之旅"，配合外部环境，置身其中，压抑的情感一定会被触动。捕捉它们，展示在纸上，你就被看见了，多次练习，你会慢慢找到失去的客体的位置，最后打包封存，此为结束。而"城市"只是隐喻，它可以指任何地方：一条街道、一家餐馆、一座商场、一棵树下，甚至可以指一张照片、一副耳环、一本书、一条围巾，重要的是它连接着关系。

一起经历的事件越多、时间越久，不能放下的自我就越强。

任何地点都可以书写，除了写分离的感伤，你也可以写甜蜜的时光、美好的经历。书写的神奇之处就在于它会让孤独得到缓解，会让甜蜜更甜。你可以与爱人一起去曾经度蜜月的地方，回忆年轻时的爱、诸多有趣的故事；你可以带母亲回老家，重温儿时的快乐时光；你可以带孩子去游乐场，回顾那些温暖的细节……写下来你会发现，你们的心更近了。

你可以参观古村落、探访名人故居、抚摸古城墙、踏在百年青石板路上，去感受厚重的岁月。你看见的这月亮，李白就曾举杯邀同醉。你们看见的是同一轮明月，这里，时间并不存在，只有不断变迁中人的生死轮回。

我对有厚重感的城市很有感觉。我抚摸着斑驳的城墙石砖时，就在和历史对话，正在触碰另一个空间，那一刻，没了时空，只有深深的融入感，我会被震撼，我的指尖碰到了岁月，滚滚历史就在指尖流淌。当然，写下来，感受才会更真切。

学员书写练习：终究，你的城市成了我的无关痛痒

作者：小强

夏天的西安堪比成都，连续一周的四十摄氏度高温，共享单车的车座你是手都不敢搭。站在树荫下玩着手机，发现微信里多出一条腾讯新

闻，标题是"四川成都突遭暴雨袭击，路边女子被吹飞"。正感叹着同一片天空下的不同遭遇，脑子里突然闪过：他怎么样了？

十年前，一脸胶原蛋白的我们人畜无害，生活更是单一到宿舍—教室—餐厅三点一线。作为农村孩子的我们，考大学是人生唯一的出路，每个人身上都背负着家族的希望和命运，我们深知父母不容易。也就是那时，我开始了自己的青春。

他是我们班品学兼优的好学生，我是那种默默无闻到可以被忽略的中等生。但是，他也有短板，我也有长处。对于物理，他总是那么得心应手；对于数学，我总是略胜一筹。于是，互补的我们俩走上了互帮互助之路。

如果我们就此简单地一直相处下去，那该多好！可是年轻的人儿怎么守得住懵懂的心？那些关于少男少女的故事，不知不觉在我们的心里生根发芽，我们春心萌动……

不知什么时候起，我发现他给我讲题时偶尔会脸红；也不知何时起，我每次都期待着周末快点到来，这样就可以以互相辅导功课之名，拥有一整个我们俩独处的下午。

激湍之下，必有深潭；高丘之下，必有浚谷；高压之下，必有反叛。压力越大，这种心思就越强烈，但我们彼此都没有说破，就这样直到高三下学期那一天——2008年5月12日。

想必这一天大家都不陌生，没错，是汶川大地震那天。作为邻省，足够的波源震感让我们第一次觉得生命受到了威胁。意识到是地震的时候，少不更事的我们哭着蜂拥至操场。那个场面，这辈子都印在脑子里，挥之不去。

在学校的我们没有手机，无法顾及家里人，能关心的只有身边的同学，而我在当时的混乱中唯一能想到的只有他。几千个人乱成一团的操场上，我控制不住地努力搜寻他的背影，直到眼睛里再次出现那个熟悉的面孔，我才潸然泪下。

有姐妹说："大家恐惧出逃的时候，最先想到的人就是最爱的人。"我不知道这种观点是否正确，我只知道那时候的自己已完全沦陷。上课的时候胡思乱想，课间看见他和其他女生有说有笑，我嫉妒得发狂。

大家常说"感情越压抑就越明显"。我承认那时的我很肤浅，我的喜欢众所周知。虽不至于冲动得当众表白，但也张口闭口都是他，做什么事都是处处先考虑他，学习成绩一落千丈。为了不影响我学习，每次路上老远看见，他都绕道而行。就这样，直到高考前，我们没有再说过一句话。

高考结束的第二天，我们约定在另一个学校的操场见。一下午的时光美好又漫长，我们从家庭谈到各自对未来的打算，一会儿哭一会儿笑……

生平第一次和一个异性面对面毫无保留地谈心至此，我不知道该高兴还是该失落。末了，我终究还是说出了那句忍了两年的话："我喜欢你！你呢？"现实没有言情小说那般美好，我并没有听到我想要的那句"刚好，我也喜欢你"，而是听到了委婉又不伤人的话："其实，我觉得咱们还是做朋友的好。"

情场失意，高考失利，恐怕没有比我更悲催的青春吧。一整个暑假，家里因为我的落榜，每一天的气氛都压抑到令人窒息，我也迷茫得不知所措，除了哭、自责，我不知道自己还能做什么。

我一度认为我是这个世界上唯一多余的人。也许是担心我想不开吧，或者说是感觉对不起我吧，在那个高中生还没有手机的年代，我们一整个暑假都在用家里的座机打电话，更多的时候是他打给我。

他的成绩也不是很理想，最终我们都选择了复读，他没有选择和我

第四章 用书写哀悼失去，用书写解脱束缚

在同一个学校。那时我们已经有了一部只能打电话的手机，所以高四那一年，我们时有联系，只是互相鼓励。这一次，谁也不敢再出差错，我们要为自己的前途负责。

不见面的一年里，我们真的像好朋友，彼此交流着只关乎学习的事。但我心里清楚，自己放不下。本想着和他报一所大学，怎奈天不遂人愿：我去了西安，他去了成都。

上了大学，谈恋爱似乎也成了一门必修课。在一个无聊的晚上，宿舍姐妹几个玩"真心话大冒险"，谁输了谁向暗恋的人表白。本就念念不忘，正好机会难得，输了一局后，我毫不犹豫地拿起手机拨通了那个我能倒背如流的电话号码。磕磕绊绊，胆战心惊，右手按着自己快要跳出来的心脏，终究在阿Q精神的自我鼓励下，说出了那句话："你现在喜欢我吗？我们还有可能吗？"短暂的沉默后，依旧是同样的回答："我觉得，咱们还是做朋友的好。"我不记得自己是怎样挂掉的电话，只记得那个晚上枕头是湿的，眼睛是肿的。

至此之后，我再没有勇气问第三次，我怕问了后我们连朋友也没得做。我们的关系又回到了高四那一年，不同的是半年只打一次电话，最终都是以手机没电结束。

我每一次都记得他的生日，每一年都是凌晨准时祝他生日快乐，我关心成都的天气，我了解成都的饮食，我向往成都，我想毕业后去他所在的城市……

大学四年，看着别人都谈恋爱，我也想用时间，用另一个人来遗忘这段满是伤痕的回忆。可是，我总是企图从每一个想和我谈朋友的男生身上找到他的影子。也许是我的痴情感动了上天，我真的遇到了一个和他长得极为相似、脾性也非常相近的人。但了解过后才发现，他不是他，更替代不了他。

毕业后，他留在了成都，而我因为种种原因没有实现自己当初的想法，留在了西安。

　　工作一年多后，结婚的事情逐渐被家里提上日程，可我总觉得心里还残留了什么阴影挥之不去。一次，在和他闲聊中得知他谈了一个来自四川的女朋友，当我看到屏幕上他发给我的那一行文字时，我的心还是抽搐了一下，眼泪终究还是模糊了手机屏幕。

　　我无法压抑自己内心的好奇与不甘，我想知道这些年来他喜欢的到底是什么样的女生，我到底输在了哪一点。我想，我必须要去成都一趟，只是以什么为借口才能堂而皇之呢？

　　毕业两年后，念研究生的大学舍友们提议：端午节公休假一起去成都。说者无心，听者有意，正愁找不到好借口的我赶紧就以她们想去成都旅游为由，告知他我的决定。4月30号下班之后，怀着一种无法言喻的心情，我和舍友结伴踏上了开往成都的K879次列车。

　　一晚上心情复杂，难以入睡，第一天随便逛了几个地方之后，他说晚上请我们一起吃饭，我说："记得把你女朋友也带着。"他同意了。晚饭时，我们加上其他一干同学总共十个人，可真是难得的大团圆。他女朋友来得迟，一进门，老远就跟大家打招呼，那说话、那气场，我只能在心里对自己说："你输了，而且还输得很彻底，她身上完全没有你的特点。原来，他真的不喜欢你。"那顿饭我吃得如坐针毡，只感觉火锅的辣让我的脸一直发烫，而我明明是一个很能吃辣的人。

　　吃完饭站在门口话别，闲聊时过来一位卖花的阿姨，非得要求几位男士为我们几个女生买花，他们开玩笑说："你要是完全猜中了这里面每个男生的女朋友是哪一个，你的花我们全要了。"阿姨一听这话，简直喜不自胜，也许她这个年龄段的人看人还是有点水准的吧，前三个男生的女朋友她一猜一个准儿，轮到他时，那位阿姨的手指向了我。

第四章 用书写哀悼失去，用书写解脱束缚

最怕空气突然安静，最怕气氛突然尴尬，站在旁边的他的女朋友脸立刻沉了下来。我赶紧岔开话题道："阿姨，您还是把花卖给别人吧，您没有完全回答正确我们的问题，所以我们也无法履行承诺。"众人附和，阿姨只好识趣地摇着头走开了。

那时的心情我无法形容，只想着赶紧离开。一晚上我真是受够了，憋着眼泪的眼睛已生疼，我不能再继续待在这儿，多一分钟我都怕控制不了自己，泪洒成都大街。

回去的公交车上，我坐在最后一排靠窗的位置，看着这灯火辉煌的成都夜景，我知道，这是我人生第一次来，也是最后一次，该结束了。

后来的两天，我不记得自己是怎么和舍友们完成了这趟不愉快的旅行，我已经没有任何心情欣赏这座城市美丽的风景，这里的一草一木在我眼里，皆是灰暗与嘲笑……

最后记得的是，离开成都的那个晚上，他打电话说要送我。我说："不用了，我们逛完就直接去火车站了。"其实，我只是没有勇气再见他，我只是不想在他面前再流下卑微的泪水。舍友们说打车去火车站，我说："走过去吧。"我只想最后认真地走一次他走过的路。

去往车站的路上，耳机里一直单曲循环着唐嫣唱的《好久不见》：我来到你的城市，走过你来时的路，想象着没你的日子，我是怎样的孤独……眼泪伴随着雨水，模糊了我整个视线，我一个人走在三个人后面，似乎要把一整个青春的眼泪流干。我该跟这七年做一个彻底的告别了：青春，就此再见！

公交车的鸣笛声将我拉回现实，看着自己点开的新闻页面，我终于心如止水。我没有搜索并打开和他的对话框，像以前那样写下关心、提醒的话语，我知道他身边有她，我知道他会把自己和她照顾得很好。

如果说爱上一座城是因为爱上一个人，那么成都，这个我曾喜欢、

牵挂、向往的城市，最终成了我的无关痛痒。

两年前，回来的路上，我就已经决定放下，放下关于他的一切，包括他所在的城市，因为是我，亲手在他的城市里，埋葬了自己的整个青春。

冰千里：

无数温暖与感动，像海浪，一层一层拍打，涌入我心中，一行泪落在了手机屏幕……你的文章真真切切、浓情流露，篇幅原因，我删减每一个字的时候，都拿捏再三，忍痛割爱。整个读的过程，我更多的是感动和从容，少有悲伤与难过，或许你在书写时已经拥有了放下悲凉和无奈之后的饱满充盈。

爱恋没有对错，也不存在输赢，有的只是你们走过的每一条街道，每一次通话，你们在一起时所有的青春与美好。它们就像血液，缓缓流动，滋养每一寸肌肤。

你的文笔优美、动情，心思细腻，我从未去过成都，却从字里行间了解了它，了解了那个男人，也了解了用情至深的你。

其实，城还是那座城，人也从未远离，只不过你对自己宽容了，就像你的笔名。此刻不知为何，耳边响起了赵雷的那首歌：

让我掉下眼泪的　　不止昨夜的酒

让我依依不舍的　　不止你的温柔

余路还要走多久　　你攥着我的手

让我感到为难的　　是挣扎的自由

5

引导你做一次冥想,并把它写下来

来,找个舒适的地方坐下来,椅子、沙发都可以,背不要靠着,感受你的周边。用眼睛慢慢看一下周围:书架、衣架上的衬衫、柔和的灯光、茶几上的零食和遥控器、不远处的绿萝。再听听周围的声音:钟表的滴答声、你自己的呼吸声、孩子的翻书声、时断时续的电视声、窗外吹进来的风声、窗帘的摆动声、远处的鸣笛声。

现在,感受自己的身体,感受身体的重量,感受臀部坐在椅子上的感觉,感受双手放在大腿上的热量,或双手放在扶手上的重量,感受双脚和地面接触的地方。

做几个深呼吸,用鼻子吸气,用嘴呼气,让自己听到自己的呼吸声,感受气流从鼻孔进入,从嘴呼出。在一个呼气中,慢慢闭上眼睛。然后呼吸转为自然,用鼻子吸气呼气,不用深呼吸,自然地吸气呼气,就像平常那样,感受一吸一呼间的长短、深浅。

慢慢扫描自己的身体，从头部开始，然后是颈部、肩膀、双臂、双手，感受它们的存在，感受它们的温度，感受胸部和腹部的起伏——它们正跟随你的呼吸一起一伏，感受腰部的重量。注意，不要用力，要自然地感受，感受你的臀部、大腿、膝盖、小腿、脚跟、脚掌、脚趾。此刻，你脑海中浮现出任何画面、念头都没关系，只需要把意识转移到你的呼吸之间。

全身扫描自己，好像你从身体里出来，站在自己身边，看着自己的身体。想象你的样子，就这样，看着自己。感受身体的某些部位、器官，有哪些不舒服的地方或有哪些轻松的地方，你只是看着它们，不要评判它们，也不要试图改变什么。别忘了你的呼吸。

继续跟随自己的呼吸，脑海中是不是出现了许多念头？把自己拉回到呼吸之间，现在你可以关注自己的呼吸，开始数数，数你的吸气和呼气。开始：吸气1，呼气2，吸气3，呼气4，吸气5，呼气6……数到10，再从1开始数。不要试图控制呼吸，就自然地呼气吸气，就像平常那样。

你的脑海中可能浮现了许许多多的念头，没关系，让它们出现即可，你只是看着它们来来往往，就像看着一辆一辆汽车开过来，又开过去。用一个温柔的呼吸把自己拉回来，就这样继续看着呼吸，继续数数，继续数，继续数，若你有了困意，就用呼吸把自己拉回到当下。

好，放开呼吸，也不要数数了，让呼吸自由来往，让念头任意呈现，要接受所有念头，任由它们到来，任由它们走远，任由它们争吵。不要干涉，不要评价，不要改变，不要阻挡，不要躲藏。就这样看着它们，就好像看着天空中飘过的云，那云一片片、一朵朵，形状各异，飘来飘去，而天空一直在，湛蓝如洗。

接下来回来关注身体，感受它的重量，感受你坐在椅子上、双脚踏在地板上、双手放在膝盖上，你开始听到周围的声音，听到滴滴答答的钟表声，听到汽笛声，你感受到一阵风吹动了你的发。

慢慢睁开眼睛，做几次深呼吸，需要的话就伸展一下双臂，转动一下头部和腰部，伸几个懒腰，回味刚才的过程，感觉当下的感受。

去喝杯水吧，然后坐下来，拿出纸笔，把刚才的所有念头和感受统统写下来。以上是一次简单的冥想指导，我仅仅把它敲出来，就感觉心平静了许多。

曾经我很排斥冥想，认为它很肤浅，只停留在表面，我用精神分析的理性分析它，用潜意识的理论排挤它，深爱精神分析客体关系的我，不怎么待见它。深入体验了很久之后，我的观点变了，觉得它并不肤浅，肤浅的是曾经的我。

因为坚持练习，我发现它是一种很好的自由联想，同时用一种包容的、慈悲的心接纳所有联想，它是通往潜意识的一艘船。在清晨的蔷薇花丛旁、丁香树下，我继续坚持着，它带给我很多美好的体验，也缓解了压力和焦虑。于是，我开始把冥想和心灵书写结合，用于自己，也用于来访者朋友。写什么呢？就写冥想时所有的念头，以及无尽的想象。

在刚开始练习时你会有很多阻抗，会不耐烦，但当你坚持把它们辨认出来并写下来时，你会发现，自己的内心越来越通透，身体也很放松，每做一次，就像是心灵伸了一次懒腰。

有位朋友这样写道：

一开始我觉得自己根本闭不上眼睛，呼吸短促，像是在喘息。我想到儿子早上趴在床上哭，我过去拧他耳朵，使劲吼他，我真该死，总控制不住发火。不行，我不能评判自己，我发火是对的，孩子哭是因为忘了老师布置的几道题，他来不及写了。他哭没有错，我发火与他哭，都是自然的发生，没有什么对不对的。该死的，还有老公，他和空气差不多，在家和不在家一个样，根本不管儿子。儿子哭，他居然拿起包就跑了！不行，我要数自己的呼吸。天哪！我在生气！是的，气死我了，这一整天的。我又开始数呼吸，一、二、三，我允许自己生气，就应该生气，老公为什么那样，原来不是的。

这个冥想片段是这个朋友脑海中的真实念头，她写下来了，读了好几遍后她哭了，想到了很多很多，想到了刚恋爱那会儿，想到了自己坐月子时的委屈，想到了孩子生病住院的日子……

念头在冥想时来了又走，是书写让它们停驻，让它们在纸上或电脑上复活。它们只是开端，是引子，引出众多的回忆，以及回忆里的情绪体验，一层一层，引领你寻觅它们的源头。

当然，这些念头不仅仅是现实的发生，就像这位朋友写的：

我感到自己好像飘着，无依无靠，没有太阳、没有月亮，天很黑。突然我掉入了一个很深的洞，洞里冰冷冰冷的，又湿又滑，我的脚崴了，一瘸一拐地想爬出去。我看见了一丝亮光，我想那就是出口，我慢慢靠近，周围很滑，没有落脚之地。我终于找到了，右脚踩上去，我很担心，就快要掉下去了，这时候，从外面伸进来一根木棍，一定有人听见了我喊救命，我伸手抓住了那根棍子……

这是意象，是某种程度的幻想，是在冥想中呈现出来的，表面上看起来好像没什么意义，但把它们写下来后，这位朋友冒出了冷汗，就好像真的拼命地挣扎在洞窟边缘。

会心理分析的咨询师能从这样的冥想中发现大量象征，也会协助这个朋友一起探索：飘着的感觉、很深的洞、又湿又滑、黑暗、脚崴了、亮光、木棍，它们对她而言意味着怎样的内心活动和联想？写下的冥想变成了一把钥匙，打开了尘封的心门，对于了解自我人格有重大意义。

从书写的角度看，这难道不是绝佳的素材吗？还有什么是比直接从心底深处冒出的念头更好的素材呢？它会超越一切的真实。哦，不，它就是最纯粹的真实。

6

我的冥想书写：丁香树下的聆听

很多人不知道写点什么，就像有人不知道不写点什么，别急，我会告诉你。要知道，你手中的笔、眼前的键盘是有生命的。它们就是你，它们会指引你，只要你愿意忘掉时间，或愿意让时间暂停片刻。

你从未停止过思考，但这并不能阻止你内心有纠结，同时也有最深沉的爱。你可能很喜欢，就像记起恋人火热的嘴唇；你可能很讨厌，就像想起清晨爆发的争吵。没关系，不要刻意控制思想。记住：不要控制！世间万物相吸相斥，你控制它往往就会被它控制，允许它存在、发生，它就会给你力量。给你脑海中的思想一个位置，把它放在胸膛，让它感受跳动的声音，然后拿起笔，写下来。

你会发现，写下的那个瞬间，彼此相认了，像久未谋面的老友，尽管有过争执和误会，终究还是坐下来了。两杯冒着热气的咖啡，把友情慢慢熬。你的念头可以天马行空，它们独属于你，不属于其他任何人。下面就是我经常做的事情,我以自己为例,告诉你写下念头是件多么美妙的事情。记住,灵感来自真实经历,一个十五岁少年永远也写不出四十五岁男人的沧桑。有人问海明威:"是什么成就了一名伟大的作家?"海明威回答:"不幸的童年。"无论是张爱玲还是高尔基,都说明了经历的重要性,而你的冥想、幻想、想象、梦,皆来自你的经历,无论它们如何伪装。

感恩我工作室楼下的公园,它有个美丽的名字:莲池公园。在它东南方不起眼的地方,有二十四棵丁香树,我见证了它们的许多个春秋,它们也见证了我常做的两件事:打太极、冥想。往后,我可能会写每棵丁香树以及它们的花季,会写丁香树刚冒嫩芽,旁边白玉兰花瓣却已落满地,我会不断写下任何念头。

关于冥想,那么丰富的内容,一定要单独开篇。本篇的重点是把听到的写下来。我是这样写的:

我就站在这儿,双脚微分,头微扬,右边的脸朝着太阳,我慢慢闭上双眼,不用视觉,我想用耳朵和心感受这世界。

我先试着观呼吸,就像自己跳出了自己的身体,变成小飞虫那么大,停留在人中的位置。我感受着气流,气流被自然吸入肺中,再自然地从鼻孔中呼出。吸气时,感觉有些凉,那感觉真好,带着玉兰花的味道;呼气时是暖暖的,气流顿时融入空气,变成空气的一部分,它们本就一体。再次吸入、呼出,我知道,我就在空气中,我和空气在一起,互相欣赏。

其中,我没有让我的耳朵休息,它更加敏锐。一般的冥想都是回到自身,回到呼吸,无论脑海中浮现什么,耳朵听到什么,都要用呼吸将自己轻轻唤回到当下,让你知道:哦,我一直在这里,我哪里也没去,我就在这里。我有时不那么做，而是任由耳朵听见所有声音，并让大脑专注于所听见的声音，感受声音的存在。当然，一开始声音都是复杂的、混乱的、交织着的，感觉世界像是一锅发出咕嘟咕嘟声音的煮沸的粥，但后来就会清晰，你会听见单一的声音，而其他声音不得不变作背景或消失。

我的耳朵最先注意到的是首舞曲。在这样的清晨，舞曲强劲有力、节奏鲜明，我知道音响后面有一群大妈，她们穿着不同颜色的衣服，随节拍起舞。我见过领舞的人，她穿着玫红色的运动衣，动作夸张、跳跃，脸上冒着热气。我要远离"咚咚咚"的快节奏，尽管并不容易。

我想，我应该听点别的什么。一声清脆的鸟鸣在诸多声音中脱颖而出，或许那是只喜鹊，春天就在它的叫声里，舞曲的声音越来越小，让位于喜鹊。那声鸣叫就像序曲，顿时，我听到了各种不同的鸣叫，或长或短，此起彼伏，有的只是两声吱吱，有的宛转悠扬，伴有回音。春天就在这悠扬的声音中走近了，而此刻，我脑海中浮现一只苍鹰，它像离弦的箭，直直冲向云端，很快便没了踪影。

我又让鸟鸣声走远，感受起身后传来的"嘿、哈"声，抑扬顿挫。是位老者，他的脸方方的，双眼放光，鬓角白了一半。我不知道他做的是什么功课，但我觉得在他心中，这和我现在的冥想一样，都至高无上。我听见了他的脚踏在草地上的声音，很有力，我分明感到一股热量，就在我附近，我知道，我们是一样的，都深爱这片草地。

几声秦腔响在我耳边，《铡美案》里秦香莲的哀怨眼神从丁香树下划过，她并不知道春天已来临。窸窣的脚步声此起彼伏，我和他们只隔着丁香树，哦，不，是丁香树、老者、路人、我、收音机里的秦香莲。

我想，或许时间过了好久了吧，至少冬天过去了，远处喇叭急促地鸣响，汽车一定排成了长长的队伍，这个不大的城市总那么热闹。半小时后,汽车里的人们和我一样,坐在或站在属于他们的空间,一边忙着手头的活儿,一边想着中午的炸酱面。

我的右脸有点热,这是朝向太阳那边的。我想,它不会有意见吧,毕竟左边脸那边不热还有凉风,于是我转了个方向。右边的脸其实并没有意见,因为我不让它有机会说话。

我的眼睛被橙红色铺满了。我闭着眼睛,太阳就在那儿,阳光怀抱着整个大地,地球至少有一半被橙红色包围,太阳不可以伸腰,否则会将太平洋的水洒在我的鞋子上。前几天我才知道我鞋子的颜色叫卡其色,而现在它和我的双脚就压在草地上,其实还是有些凉,我知道,春天的太阳并不热,那一棵一棵小草沾满了泥土和水珠。

舞曲的节奏慢了下来,鸟鸣声也已远去,汽车遇见红灯,静静地和交通警察并排,太阳红红的,脚步声没有了,后面的老者回去了,我又看见一股潮湿气流缓慢地进入我的肺,那里每个细胞都欢迎它,地球依然是椭圆的。我变成它们,它们就是我,我们就是脚下的大地。

睁开眼睛,我的肚子有点饿。

学员书写练习:原来大家都在,我并不孤独

作者:清心

一天夜半时分,黑着灯,躺在床上的我随意拿起手机,打开每日必点开的一个音乐公众号,想听听那天推送的音乐是什么。打开公众号,看到那天的推文题目是《冬的声音?洪荒之声?原力之声?》,这个题目代表公众号主人的感受。他的感受是他的感受,对我不会有太大影响,我喜欢带着未知去感受我新听的音乐,有时我会不自觉地在音乐中冥想,这常会让我进入一个奇幻的世界。

打开推文,看到是 OM 音(指在瑜伽中诵唱的简单、原始的声音),我很开心,我喜欢听各种风格的 OM 音,每次 OM 音总会带给我不同的感受,总会唤起我身体的觉知。我身体的细胞像是很喜欢 OM 音的问候,它们会非常感动、非常欢喜。这种问候给我非常大的疗愈。

我点开那曲 OM 音,放下手机,闭上眼睛,融入黑暗中,将自己纷杂的思绪清出身体,好让音乐轻柔地流淌进来。几声鸟鸣声后,一种风格迥异的声音迅速激活了房间的空气,侵入了我的身体。那不像任何乐器发出的声音,也没有歌词,而是某种神秘物质发出的一种诵唱,像"嗡……",又像"啊……"。很简单的音,在黑暗中异常空灵。不对,它不是诵唱,是哀唱,竟有些悲鸣,但不是那种撕心裂肺的悲鸣,而是异常平和、静谧的悲鸣,给人的感觉是淡淡的悲。这种淡淡的悲足以引起大家的共鸣,或者说引起世间万物的共振。

音乐很快填满我的身体,我全身的细胞跟着音乐一起振动。然后一瞬间,闭目的我真切地感受到自己来到了宇宙,不是我的身体,而是我的灵魂。在冥想中,我无数次抵达过宇宙,是那样的熟悉。我像一个圆点似的星星,在暗黑空灵的宇宙微微闪着光。

很快地,我看到深邃中出现许许多多忽闪的圆点,发着微弱的光。那一瞬,我的眼泪夺眶而出,我紧抿的唇开始颤抖。"原来,大家都在。"这句话从我心底发出。

原来,大家都在,大家都在。我的心不停地默念……

很快,我看到更多忽闪的圆点,在浩瀚的宇宙中,千千万万,或者说无穷无尽,他们一起哀唱着共同的声音。我的眼泪止不住地往下流,平躺的我突然身体蜷曲起来,右手握拳,左手抱紧右拳,贴在了胸口,这本是我处于极度孤独或者极度脆弱时的样子,但那一刻,是因为我太感动了。

第四章　用书写哀悼失去，用书写解脱束缚

一直以来，无论如何我都无法摆脱孤独。虽然我有很多朋友，有爱我的家人，但很多时候，我还是会感觉自己像世界上最寂寞的鲸 Alice——Alice 发出的频率比正常的鲸的频率高，所以她无法有朋友。

有一次在沉睡中，我突然被自己的一句梦话惊醒，梦中的自己说："我太孤独了。"惊醒后发现脸上竟挂着一行泪。我的一个朋友说："有些人生来就注定孤独。"为什么注定孤独？却又讲不清楚。像是莫名地被命运选择要做一个孤独的人。但是这一夜，在哀唱中，我突然看到，原来大家都在，一直都在。

渐渐地，我伸展蜷曲的身体，松开握紧的右拳，平躺在床上，双臂自然地放在身体两侧，我的身体无比放松。"大家都在，都在，我不再孤独"，这个声音继续在我心中重复。音乐声止住，我坠入深沉甜蜜的睡梦。

第二天，我又回味夜晚的丝丝感受，还是那样真实。

我想起曾经在一次心理疗愈课上，我们小组十二人围成一个圈，手臂挽着伙伴的手臂，紧紧地站在一起，我们打算做一个共同的冥想放松。在组长的引导下，所有人闭上了眼睛，跟着组长的引导静静地做起了深呼吸，一呼一吸，一呼一吸，渐渐地，所有人的呼吸节奏一致。大家就这样静谧、默契地一呼一吸，一呼一吸。这样一致的呼吸让我们十二个生命体仿佛变成了一个生命体。

与十几个伙伴一起冥想的感受也好，我一个人在 OM 音中冥想的感受也好，都是一种相似的唤起。大家都在，都在，我们并不孤独。

后来我见一位比我还孤独的友人，我跟他讲那天夜晚我在音乐中产生的感受、看到的景象，以及我在心理疗愈课上与十几个伙伴共同冥想而有的感受。友人听着，专注地看着我，像是被我的话语感染了，他眼中现出与刚才不同的光芒。我看着他，我感受到了那种光，他被触动

了，那是一种感动的光，是共鸣的光。我想，很多走心的灵魂都愿意享受这种共鸣。

文字写到这里，我忍不住要谢谢自己，感谢自己生活在众人奔波劳碌的都市还依然有如此敏锐的感受力。

冰千里：

每个人都有自己独特的共振频率，连接着浩瀚的宇宙。人与人之间的相知相惜、相斥相离都是这种频率的交织碰撞。交织的刹那，便是一切的缘由。

你的冥想具有很强的磁场，是一种包罗万象、穿越时空的存在。意念如此灵动，怎是孤独可承载的？当你书写下冥想时，就再次看见了他们，还有包容的自己。我们都在，万物也在，而且一直都会在……

7

写下你的任何联想，别管是否羞耻

有一次，我在游戏室与四岁的女孩媛媛工作，我们合作搭建"我的世界"，我在沙盘中摆了几棵椰子树，媛媛摆了一只小兔子、一只小狗和一头犀牛。她手中拿了一个僵尸玩偶，不知该往何处摆。从资料得知，她心中有一个害怕的东西，在游戏中，我以为小僵尸就是她恐惧的象征。"要不把它关在笼子里吧。"我指着架子上的一个橙色笼子说。她看了我一眼，转身拿过笼子，把僵尸放在里面，又放了几棵小草，还丢进去一块糖。"这不是笼子，是美丽的花园。"媛媛慢吞吞地说。我有点蒙："那僵尸呢？"我随口问。"它不是僵尸，是我养的宠物。"媛媛答道。

心理学以为，一个人看待世界的方式来自这个人的所有生命故事，现实很难突破固有思维。但比这个更强大的是联想，如果没有联想，世界将会陷入一片黑暗。弗洛伊德对一个病人进行催眠，这个病人果断批评了他，认为他强烈的暗示阻断了自然回忆和联想。于是，聪明的弗洛伊德发明了自由联想技术，这也是心理咨询躺椅的由来。

简单理解自由联想，就是来访者在不被打扰的环境中进入自由的想象空间，脑海中浮现的任何念头都要直接说出来，坐在躺椅后面的咨询师用笔记录下来，写下的内容就是来访者某个时段的自由联想。这很重要，这种联想技术被咨询师加以运用，从而为探索来访者的内心世界搜集资料。自由联想的关键是：无论什么都要说出来、写下来。哪怕是无聊的、恐惧的、羞愧的、不值一提的、无关紧要的、愚蠢的、厌恶的、一晃而过的，都没关系，不要因为羞于出口而放弃。

我曾学过自由联想：躺在沙发上，闭上眼，知道身边坐着我同学，他正拿着笔，时刻准备记录我说的每个字。一开始我有些紧张，之后开始把脑海中的念头说出来，一直持续五十分钟，嘴巴不停，耳边传来连续的沙沙声。

在联想时，不能有任何杂念，只管毫不延迟地讲出你的念头，别对它有任何赞美、批评、指责、思索。若你真做到了，睁开眼睛那一刻你会有些不自在，有些后悔、焦虑，但不久，便会对自己有所感动，然后是从未有过的轻松。因为，那五十分钟里你心口如一，没有做过任何加工、扭曲、伪装。

昨天在网上看了个段子，是一个女孩吐槽自己的初恋经历：她是个标准的"女汉子"，饭量超大，喜欢吃肉，经常光顾路边摊，喜欢和朋友撸串，喜欢喝酒，半斤白酒下肚一点问题没有。有一次男友约她吃饭，问她吃什么，饥肠辘辘的她羞涩地回答："蔬菜沙拉。"我忍不住笑了，阻挡这个女孩说实话的是什么？是自己在男友心中的形象。这样的女性形象往往是温柔、端庄、贤惠的，是如此标准阻断了真实表达。这个标准在心理学中也有个词语，叫超我，简单理解就是心中有一个"高大上"的人，像老师、父母、警察，知道什么该做，什么不该做，会盯着你，监督你。

举个例子，自由联想时你突然想起了昨晚的一幕：你对妈妈骂了句粗话，然后摔门而去。你刚要把这件事说出来，超我就说了："你不可以这样说，别人会觉得你不孝顺。"于是你嘴里说出来的是："昨晚和妈妈吵嘴了，气得我离开了家。"骂粗话和摔门被省略了，这样说出来你舒服多了，缓解了内疚感，但也失去了真实。若你是这么对咨询师说的，咨询师就无法把握你和妈妈的关系，对你与女性关系的探究也会受到阻碍。

我之所以提倡心灵书写不能停笔，原因就在此：一个念头出来，你立刻写下来，不停地写，不停地写，心中的超我就来不及反应。当它发现时已经晚了，白纸黑字就在眼前，想抵赖也是徒劳的。

你要让所有联想出现在笔尖，不知道写什么、没念头也不要停，你可以一直写"我不知道写什么不知道不知道不知道"，或者继续你前面的词语"桌子桌子桌子桌子"，直到你下一个念头浮现出来。如此，心中的超我就很难干扰你。也不要管什么修辞、语法、错别字和标点符号，那都是后天习得的阻碍，你只管写下去。即使你书写时热泪盈眶、浑身冒汗，也不要停下来，哭着写下去，别怕泪水会沾湿笔记本，那里有你最初始的意念，有你最原始的爱恨。

建议进行自由联想式书写时不用电脑和手机，因为智能输入法会把你想说的扰乱，你打"中"就会出现"国"，后面就是"家""庭""院""长""短"等等，那是电脑的自由联想，不是你的。

经常做这样的练习有两个好处：

第一，越写越明白。有过这方面经验的人会发现，无论有多少纷飞的意念，联想到最后总逃不开内心的情结。比如你正在为婚姻痛苦，那么，无论你脑海中想的是北京的桥还是南极的雪，最后总会涉及你和伴侣的描述，你会越写越深。或许你会写到儿时父母的争吵，母亲抱着你顶着寒风离开了家，父亲喝醉酒躺在床上胡言乱语……等你回头看自己的作品，会不禁倒吸一口凉气：没有了超我的监督，原来心中藏着这么多无法放下的情结。

第二，你会平添许多书写灵感。面对同样的世界和社会热点，面对人际交往，你很难写下自己真实的声音，为书写而书写的你，会越来越累。因为你写的都是超我让你写的，你只不过想让他人看见你，里面多了诸多功利色彩，失去了真实。

记住，最终引领你走向自由的是情感不是理智，是心灵不是大脑，就像我的小来访者，凭什么就不可以养个僵尸做宠物呢。

8

我写下了在一座荒山上的自由遐想

某个冬日的午后,并不冷,我独自驱车行驶在盘山路上。道路蜿蜒,没有尽头的样子,我很平静,走着走着,在一处弯道宽阔处驻足,那里刚好能停辆车,前面是层层的山峦,我突然想去看看。

往包里装一瓶水、一个本子、一支笔,背上包,却没找到上山的路,其实,我的车已开到半山腰了。鲁迅先生说过,"世上本没有路",是啊,只是人们习惯了非要找到某种路径,想到这儿我笑了,便就近选择了一座,顺着杂草和碎石往上走。这是座荒山,有不少侧柏,北方的山上总会有它们,傲然矗立着,让山有了些生机。山上还有酸枣树,果实早已掉光,只剩一根根突兀的刺。不能被它刺到,我吃过亏,那滋味真不好受。

巧的是荒草之间有根木棍,说是木棍,其实就是食指粗的树枝,灰褐色的,有点弯,我并不知道是什么品种,也不知道它怎么被遗弃在这

里，这地方除了我应该不会有人光顾。管它呢，我捡起它，在草丛中蹭了蹭，它不能帮我登山，事实上，这座荒山根本不需要它，可有它在手，我就能战胜酸枣树的刺。就这样我到了山顶，我没带手机，估计也就花费了半个钟头，山顶除了风声也没什么特殊的。

一切像是准备好的，一块平整的青石板就在眼前，我坐下来喝了几口水。放眼望去，才知道这座山是此处最小的，但即便如此，我也到达了最高峰。

上山的路上我一直在寻觅石头，这是我的习惯，觉得蛮好，好像爬山就是为了石头，以至于工作室的各个角落都散落着石头，它们来自哪座山我都说得出来，它们是有灵性的。这次除了坐着的这块，并没什么像样的，我又四处转了转，真是没有，终于死心了，于是拿出本子和笔，书写吧，仅仅是为了锻炼身体我是不会爬上来的。

你有机会一定要这样，至少一次，不是，你一定有机会，只是遇见

第四章 用书写哀悼失去，用书写解脱束缚

我之前你并不曾这样想过。我的意思是去到远离人群的地方，一座荒山、一个野湖、草原腹地、沙漠地带、森林深处，或一片被遗忘的海，就你一个人。如果在你的书房、办公室、街边公园，看起来你是一个人，其实不是，汽车的鸣笛声、机器的轰鸣声，还有不知道的什么声音混沌交织，世界并不安静。若你有在偏远农舍住宿的经验就会知道，大自然的宁静是不一样的，在城市睡着的时候鼾声不断，置身农舍则一夜无梦。

进入大自然深处，远离人海与文明，远离机器的轰鸣声，就像走进了远古，那里只有山、水和风。你不试验一次便无法体会，写在本子上的沙沙声连接着天地万物，连接着过去与未来。一阵风吹过，几声鸟鸣变成书写的和声。天地一片纯粹、通透、洁净，阳光离你很近，洒在身上，和每一根汗毛融在一起，在你胳膊上跳舞。

你会有恍若隔世之感，会有穿越的错觉：举目四望，一切都不复存在，只有你自己；再久一点，你也不存在了，一片空旷、一片寂寥；再久一点，一切又都在：你、松柏、酸枣刺、摇摆的草、风声、阳光、远山、残雪、泥土的芬芳、本子和笔、青石块、顺着小腿往上爬的蚂蚁、鸟鸣的回声、你手掌的纹理……它们那么精致、清晰，它们都在一起，整个自然和万物都是一体，它们从未分开，也没有那么多名称。就像旁边探头探脑的草，写下的字也有了生命，你能看见它是怎样来到这个世界的——笔尖划过白纸留下了它，你能看见墨水瞬间变干，而墨香还没嗅到就被空气夺走了。

这就是我那天的体验，很奇妙。一个人坐在荒山上，像是荒山的一部分，就如同侧柏一样；天上的云在游泳，它们看起来很高又很近，仿佛我伸出手，它们就会落在我掌心，而我只需轻轻吹口气，它们便消失不见。

我想起了长岛的海，我喜欢那片海。清晨四点多的时候，分不清海面和迷雾，朵朵浪花在提醒我，我是一个人，不是一片海。

我想起了小时候老家的炊烟，就算在远远的山上，也能闻到木柴燃烧的味道。鸟鸣此起彼伏，劳作了一整天的大人们在歇脚。

我想起了大学校园的深夜，除了几对情侣和天上的星星，其他一切都已睡去，我纵身一跃，翻越了围墙。

我想起了《X战警：天启》中的一句话："这世界本来只有土和石头，是你们把它变成了这个样子。"我不知道为何想起这句话，只记得当时有些悲哀，我望了望远处鞋子般大小的车，又看了看脚下的小草，它们本就不是一个时空的产物。而我是谁？我来自哪个时空？人类如何走到了今天？现代文明倡导的究竟是什么？家庭是一个怎样的结构？人与人之间是如何知道彼此的，他们的内心真的熟知吗？苦难终究何去何从？

良久，我感到阵阵孤独，它们就像吹在我脸上的风，愈来愈烈，整个宇宙只剩下我一人，前面一片灰白，后面一片灰白，周围一片灰白，像笼罩着不太浓的雾。周围死一般的寂静，万物皆空，我变大了、长高了，脚下生了根，入地三千尺。若不是一阵急促的鸟鸣，真以为这是事实，回过神才发现，我早已躺在了石板上，本子和笔就在脚下，阳光泛红，我揉了揉眼，竟有一滴泪。

我拿起纸笔，把上面的一切迅速写了下来。

在那座小山之巅，我拥有了诸多体验，觉得只是一瞬，太阳却正在落山。当我再度发动车子，已不得不打开夜行灯。按了几声喇叭，我缓缓离去。那晚，我睡得很安稳。

这是我偶尔一次的体验，也是一场短暂的心灵书写之旅。我曾在很多寂寞的地方写过字，这次是让我印象深刻的，至今想来，仍历历在目。正因为有过这样的体验，我才建议你也试试，人生有时不可以计划，美丽往往来自随心的意外。

一切如半梦半醒，我把它们写下来，许多细微其实早已留在了那块青石板上，但我还是捕捉到些许我在工作室里无论如何都不可能有的觉察。我把这样的体验称作"捡来的灵感"，但我又明白它是可以创造出来的，一切只不过满足了这样的条件：平静、意外、纸笔、大自然、一条自己踏出来的路、一颗没有任何指向的心。

不知为何，此刻我一点都不想做心理分析。我只知道，终有人会和我一样，说不定就是你，带上纸笔，夺门而去，只留下我，还有海桑的诗：

> 我们的世界并非唯一存在
> 它只是万千世界中的一粒尘埃
> 一只蜗牛有它自己的时间
> 还有蚊蚋和细菌，显微镜下
> 它们美妙绝伦，像个公主
> 它们的时间是慢的

9

写下你身边日常，它们都是无价之宝

你会不会因为一片落叶自杀？千万别被我这个问题吓住，但也不要掉以轻心，因为为了一片落叶而自杀的人，真有。

先问你一个问题：你认为世界上有鬼吗？我不知道你的答案，你可能会害怕，会疑惑："这是怎么了啊，这是一篇恐怖文章吗？"别怕，我知道，这会让你有点紧张，我真正想表达的是与心理相关的，也是与书写相关的。如果我换个问题：你相信世界上有龙吗？气氛立刻就缓和了，你可能毫不迟疑地回答："我不相信！"但我知道你脑海中已经浮现了它的样子——马脸、鹰爪、鹿角、鱼鳞、蛇身，能腾云驾雾，是吗？刚才我问你的时候，尽管你意识上不相信世界上有龙这种生物，脑海中却不可遏止地浮现了它的形象。

那么问题来了：你不相信真的存在这样的生物，为何脑海中会浮现它的样子？答案是这样的：因为人类集体无意识的原型。这是心理学家荣格的主要理论，简单理解就一句话：原型是人类世世代代灵魂与思想的结晶。世界上有多少典型的情景就会有多少典型的原型，它们往往转化为各种烦琐的仪式，并呈现在世人面前，如婚丧嫁娶，也有其他形式，如童话寓言。

现在你相信龙是真实存在的吗？当然，你依然不信。但我告诉你，它真的存在。人们所有的感知都来自意识层面的判断，意识层面使用了感官系统，你过于相信眼睛看到的、耳朵听到的、鼻子闻到的、手指碰到的。就像我问你："你的手机是真的吗？"你会笑我这个问题很幼稚。我继续问你："你认为龙活的时间长还是手机活的时间长？"你会嗤之以鼻，会想：不存在的事物怎么会有寿命呢，它们根本不可能放在一起比较，再说了，它们都属于无生命的东西。生命又从何而来？不如我直接问你："大象和人，哪一个寿命长？"你会说："得了吧，我不会上你的当，我认为你的问题很幼稚。"首先我告诉你，龙是存在的；其次我告诉你，龙的寿命远远长过手机；最后我告诉你，它们都是有生命的。

世间万物有两种存在形式：物理存在和心理存在。前者就是你看见的这个世界；后者是你看不见的世界，却永恒存在于你心中。

手机有使用年限，有用不了的那天，而龙的形象会继续存在，直至人类灭绝，你说哪一个活得更久？所以，真正的存在是你心中的感知，而非物理的存在，其实这两者并不矛盾，只是后者被前者包含其中。这么说，鬼、孙悟空、神仙、上帝、佛祖、恶魔、天使、黑白无常、菩萨都是真的，都是超越了生死的存在。

世间万物都有生命，是你给了它们生命，也是它们给了你生命。你死了，万物没了，世界消失了。其实世界没有消失，它依然存在于所有人心中，你也没死亡，你存在于记得你的人心中。

这就是今天我要告诉你的：心理现实是通过外部联想实现的，你不能忽视，必须写下来，它们不仅仅作为你书写的素材，更是作为疗愈自己的方法。

回到本篇开篇的问题。有位重度抑郁患者在一个深秋的午后服药自杀了，她在遗嘱中写道："落叶太伤感了，我不愿再受折磨。"这就是她的世界，她的内心世界满目凋零、万物肃杀、没有颜色、一片死寂。同样是落叶，有"无边落木萧萧下，不尽长江滚滚来"的悲凉；有"秋风吹渭水，落叶满长安"的相思；也有"雨过闲田地，重重落叶红"的洒脱。同样的场景、事物，会引发不同的情绪、行为，这一切源自本人内心的联想，抑或是投射，而这就是世界对于这个人而言的真实存在。

这样的事每天都在发生，只是你一念而过，毫不在意：当你看见柳树、百合、画、白云、汽车、麻雀时，当你听见有人吵架、一首老歌、孩子的笑声、母亲的唠叨时，当你上班堵车时，当你目睹一起车祸时，当你去医院检查身体时，当你听到朋友结婚时……

现实中的一切都在让你联想，你不可能关闭你的灵魂通道，你会不由自主地联想，尽管有时心中的另一个声音会把你的念头拉回来，但这个声音也是联想的一部分，你无法逃脱。

你干吗要逃脱呢？

我不要你逃脱，我要你写下来，统统写下来，这是走向内心深处的一条路，你若想了解自己，就听我的，写下来准没错。

就从你看见的、有感觉的开始：今早我碰到两个学生在快乐地交谈，这让我感到不舒服，因为我女儿已经一个月没去学校了；又下雨了，我想到了我们分手的那个夜晚，大雨瓢泼；这个人好凶，我记起了我的父亲；这辆车的颜色太恐怖了，红得让我想到了鲜血……

别怕，无论什么想法都是你心灵宝库里的，这才刚刚开始，限定联想就是这样：一句话、一首歌、一个任意场景、一个词语会让你联想到看起来毫不相干的事物，那些联想对别人来说可能毫无意义，但于你而言，却是一条通向心灵荒原的路。

拿出本子，拿起笔，用字给心灵铺设道路吧，那里有你最深的情结，你不可以忽略。写的时候要记住：直接写下你的第一念头，第一念头就是毫无保留地出现在你脑海的第一个词语、事物，或第一个想法。像上面的例子，你看到下雨，第一念头是分手，接下来你会想"我真无聊，都已经过去了"，第二念头的出现是为了干扰第一念头，你不要管它，它会让你无从下手。出现的所有情绪都是正常的，你要像欢迎"开心"一样欢迎"悲伤"，它们都是你的孩子。

写下来吧，让事物的联想从你的笔尖变成情绪的野兽，咆哮在笔记本上。不停写下去，你会找到想要的答案。

这样的方法我在心理咨询中经常用，适用于各类来访者。突如其来的提问以及不假思索说出的第一个念头就是进入藏着你整个世界的潜意识的开端。

10

写下你崇拜之人，他就是你的镜子

写这一篇时正值世界杯火热进行中，这让我想起了我喜欢的球星巴乔。

你喜欢的人物或者偶像都有你自己理想化的影子，或许你和他一样，或许他身上有你看不见的部分，又或许他活出了你活不出的样子。他可以是明星、艺术家，也可以是你的家人、老师或朋友。把他写下来，仔细看着他，你就会看到自己内心深处的潜意识，下面是我本人的一篇书写，与你分享。

东道主 5:0 狂扫沙特的烈焰之火，将我送回了那些逝去的看球岁月。时光穿梭，脑海中浮现了让我印象深刻的四届世界杯——1990 年意大利世界杯、1994 年美国世界杯、1998 年法国世界杯和 2002 年韩日世界杯，还有那双忧郁的蓝色眼睛……

第四章　用书写哀悼失去，用书写解脱束缚

1990年的意大利之夏。

我还是一个初中少年，完全没有球迷的概念，却记住了一个人的名字。那年的小组赛，马拉多纳继续使用"上帝之手"，拍出的，正是现东道主的前身苏联的一个必进之球。在马拉多纳的率领下，阿根廷跌跌撞撞闯入决赛，遇到了如日中天的西德队，败北。

那年，西德铁骑横扫千军、神奇的米拉大叔、英格兰的悲剧、马拉多纳惊世骇俗的传球和决赛的眼泪，都挡不住一位坐在替补席上的英雄。当意大利球迷疯狂高喊"巴乔、巴乔"的时候，我记住了他。

尽管第一次参加世界杯的巴乔只有四场首发，世界却记住了那个经典的长途奔袭进球。地中海——世界上最古老的、最浪漫的海洋，第一次被拿来形容一位球员，他就是二十三岁的罗伯特·巴乔。

1994年，美国。

我正挣扎于书山题海，巴乔却已闻名于世。

那一年，因为他那比地中海还要湛蓝的眼睛，我知道了为什么蓝色可以代表忧郁。不知为何，我总能看到那双蓝色眼睛中无处不在的忧郁，忧郁的深处却闪烁着坚定和不屈。从此，再也没有第二个人给我留下这种感受。

当时的巴乔刚刚斩获"世界足球先生"和"欧洲金球奖"，他让我知道狂野的足球赛场也会有诗人。每次看巴乔踢球，我都觉得他是在用脚谱写诗歌。那些诗歌充满感性与意境，充满灵性、空旷、从容，又交织着无奈、犹豫、彷徨，那种情感的复杂难以描述，却又像一个灵魂带领着蓝色军团。或许，当时的我也是如此忧郁吧。不管如何，是巴乔和那届世界杯让我见到了曙光。从此以后很多年，他都是我的榜样。

在我看来，1994年的世界杯就好像是为巴乔一个人撰写的传奇。当一个男人拥有了世界上最崇高的荣誉，拥有了亿万球迷的掌声，当一个

球员可以代表一支球队、一个国家，他就不再是平凡意义上的普通人。他担负重大使命，他要为国家再创辉煌。他成了我心中无所不能的英雄，也成了亿万球迷心中能力挽狂澜的战士。

世上有多少荣耀，就有多少无奈；有多少爱恋，就有多少别离；有多少恩怨情仇，就有多少大彻大悟。像传说中的英雄一样，巴乔带领意大利杀进了决赛。此时，这个男人离完美仅一步之遥。

决战之巅，巴乔的蓝衫军团形成了世界上最牢不可破的盾，"独狼"罗马里奥的桑巴狂舞形成了世界上最无坚不摧的矛！这一切预示着这场终极对决必定会成为永恒的经典。

令人窒息的一百二十分钟扼住了观众的喉咙，那也是世界杯历史上唯一没有进球的决赛。如果没有后来的点球大战，也就没有了英雄的悲凉，足球历史或许会不一样。

但，历史终究没能改写，当巴乔第五个走上点球点，他知道，自己担负着整个意大利的希望，如果他赢得了决赛，战胜了"独狼"，就会毫无疑问成为万众敬仰的新球王。

那一刻，隔着屏幕的我分明看见了巴乔眼中更为深刻的忧郁。他助跑、摆腿、射门——皮球宿命般飞向了天空……好像上帝在惩罚犯错的孩子，收回了他最心爱的玩具。瞬间，天堂轰然倒塌在地狱门口。一个男人在抵达完美的最后一步，戛然而止。

随着巴西人刹那爆发的狂呼声，在巨大的黄色风暴背景下，我看见了那个蓝色10号孤独的背影，巴乔的马尾辫随风摇曳，显得如此忧伤、落寞。

很多时候，比完美更让人铭记的是缺憾。1994年夏天，洛杉矶玫瑰碗体育场给巴乔骄傲的心涂上了一抹蓝色的忧伤。远在中国的一座小城的我，坐在屏幕前，看着眼前的雪糕慢慢化成一大碗冰水，猛然端起

第四章 用书写哀悼失去，用书写解脱束缚

来，一口气喝下去，一滴泪融入其中，无半点咸味。

1998年，一场洪水正在无情地肆虐古老的华夏大地。

同一年，《泰坦尼克号》勇夺十一项奥斯卡金像奖、《还珠格格》风靡大江南北、首只克隆牛诞生、克林顿承认了"桃色事件"、那英和王菲联袂演绎《相约一九九八》……

我在大学校园的集体宿舍里和十几个同学光着膀子撸着串儿，扎啤碰得叮当响。盯着屏幕中的巴乔，突然发现，他老了。四年并不长，但对巴乔而言，像是经历了一场百年梦魇，他剪掉了自己标志性的马尾辫，蓄起了胡须，依然忧郁的眼神中多了另一样东西——沧桑。

我知道，1998年的法兰西是属于齐达内的，是属于"外星人"罗纳尔多的，是属于达沃·苏克的，甚至是属于更加年轻的欧文的。但对于意大利，对于我，依然是属于巴乔的。

我也知道，有些失去再也无法挽回，但有些缺憾一定可以改写。当历史惊人地再现时，你会懂得，冥冥之中似有天意。智利队的双萨组合一度把意大利逼到了悬崖边上，是巴乔站了出来，制造了一个点球。

我在想，或许并不是巴乔的功劳，而是上帝看见了他四年的执着与拼搏，也感受到了他的成熟与厚重，才会把夺走了四年的玩具又还给了他。

经历沉浮的巴乔冷静地站在智利队球门前。那一刻，我屏住了呼吸，往事一幕幕涌上心头，四年前那个孤独的蓝色10号背影竟像从未离开过我。那一抹忧伤从未复原。我想，再次站在点球点的巴乔，一定瞬间经历了轮回。

即使是对手喋喋不休的干扰也不能阻止一个男人抚平伤痛的欲望。四年前没有完成的宿命，四年后再次被摊开，这一战，不仅关乎荣誉，也关乎一个人是否能和过去的自己和解。

随着一记高速的冲击波，巴乔战胜了过去，也战胜了自己，所有创伤与放不下，终究是心有魔债。那一刻，这个男人战胜了心魔！他并没有狂欢，而是冷静地扫了一眼球门横梁，我看到了忧郁眼神背后的坚毅。岁月让他变得厚重，有时，成熟与完美也是一步之遥。

最终的决赛，罗纳尔多突然昏厥，齐达内著名的"铁头"将法兰西送上了冠军宝座。而我的心，依然沉浸在巴乔的从容中。当一个人心怀梦想，始终坚定不屈，还有什么能阻挡他内心的骄傲呢？

写到这里，我翻开了 1998 年 6 月 12 日的日记本，里面记录着我与巴乔以及那届世界杯的故事。那一天，我写了三千多字，那天是周五，天空飘着小雨。

时光荏苒，又是一个飘雨的日子，时间走到了 2002 年。

那一年，巴以冲突造成数千人死亡；那一年，一代歌王罗文逝世、张艺谋导演的《英雄》震撼上映；那一年，大街小巷回荡着刀郎沧桑的声音……

那一年，世界杯离我们如此之近，就像今天。

那一年，球场上的故事很多：上届冠军法国一球未进，小组赛遭淘汰；韩国队击败意大利和西班牙杀入四强；罗纳尔多洞穿了"门神"卡恩的十指关，捧走了金靴奖，"外星人"红遍全球；桑巴军团成就五冠王霸业……

那一年，国足首次闯入世界杯决赛圈，举国欢腾，尽管三战皆负、一球未进，但至今仍然是中国球迷最美的梦。

那一年，我在异乡的一家小旅店，风尘仆仆之余，一个人静静看完了所有比赛，天热得像要融化。

那一年，巴乔没来。

这个梦幻般的男子败给了半月板，主帅特拉帕托尼不得不狠心将他

第四章　用书写哀悼失去，用书写解脱束缚

拒之门外，这正是巴乔的另一个坚韧。在他的职业生涯中，他双膝动过六次手术，十七岁刚出道时右腿就缝了二百二十针，上帝给了这个男人无上的荣耀，也给了他艰辛的磨难。谁也不曾想过，在忧郁的眼神背后，巴乔承受过多少伤痛，隐忍了多少故事。

之后便是2006年的德国世界杯、2010年的南非世界杯、2014年的巴西世界杯，我看世界杯的次数越来越少，不知道是因为生活消磨了时光，还是绿茵场上少了那抹忧伤的蓝。

就在不经意间迎来了俄罗斯世界杯。2018年，蓝衫军团没有来。

退役后的巴乔过着半隐居的生活，唯一能让他出现在公众场合的就是参加慈善活动。十几年的光阴里，纷繁的世界少见他的身影，但他一定会出现在最需要他的地方。巴乔是一个虔诚的佛教徒，或许，只有博大的佛法才是他最后的归宿。在那里，没有了浪漫与激情，没有了忧伤与隐忍，只有一颗朴实无华的心，思索着我佛如来的真实义。

昨夜，独自窝在沙发里，看着世界杯揭幕战，恍惚中，球迷的欢呼声渐行渐远，我竟沉沉睡去……

梦里又看见了一场场厮杀，一次次精彩绝伦的进球。在梦里，我回到了过去，看见了那个青涩的少年，少年喝着化开了的雪糕水，一个蓝色身影轻灵划过，马尾辫一甩，如此真实，然后一记吊射，洞穿了时光……

11

快节奏时代,你更要慢下来写字、生活

你若留心,总会在街边公园发现两种截然不同的速度。

清晨或黄昏,公园的环道上总是拥挤着大量人群,他们摆动双臂迈着大步,眼睛直视前方,胳膊捆绑着手机袋,一个人或三五成群,戴着耳机疾行而过,一圈又一圈,他们在快速行走、锻炼身体。还有一群或几群人,或蹦或跳,伸展四肢、扭动腰肢、中速地旋转,放在水泥地上的高音喇叭扩散着音乐,广场舞俨然成了中国最具有代表性的文化之一。

你也会在公园的某个角落看到一个人缓慢地吸气、呼气,好像周围喧闹的声音都不存在。他好像来自另一个空间,因为他的动作十分缓慢,每一次移动都像是有个什么东西拽着,每一次伸展都像是电视里的慢镜头,轻飘飘、慢悠悠。我总会被这样的人吸引,他们往往有独自的空间,在假山旁、在湖水畔、在海棠树下……

第四章 用书写哀悼失去,用书写解脱束缚

为什么这样的人特别吸引我?并不是他们锻炼的姿势有多优美,而是他们和时代节拍相反的节奏。其实我本人就是这样的:每天清晨,工作室楼下花园的丁香树下、蔷薇花旁,我总会在那里冥想、打太极。

人类进化到今天,一切慢的行为、语言离我们越来越遥远,每个人身后像有一根无形的鞭子,鞭策我们不停前行、前行。一停下来,人们就开始慌乱无措,茫然不知其所以然。

科学技术的高速发展、信息零距离的传输让人类这个有机体变得滞后,只有快速奔跑才可以不被这个时代落下很远。但你随便问一个人:"你那么快,要去向哪里?"他一定不知如何回答,且用奇怪的眼神看着你,好像你就是个神经病。古代人如果穿越到现代社会,一定把他们的后代奉若神明,几百年甚至几千年前他们无论如何都想象不到,自己的子孙已经成"神":几千公里的路程几个时辰就可以抵达,而且是在蓝天上飞翔;从地面到几百米的高空,几十秒就可以"飞"上去,只因为现代人待在一个叫作电梯的铁盒子里;天涯海角的概念已不复存在,人们不但能听到万里之外的声音,还可以看见万里之外的人的影像……

这一切都与速度相关。很多人节假日去古镇、古村落、农家乐,在城市之中找到一处安静的地方越来越艰难。网络让人们即时满足,忍受不了等公交车的那短短几分钟,也无法承受地铁上短暂的无聊时光,人们都在低头看手机。

心理学以为,延迟满足能力是人格成熟的基本标志。一个两岁的孩子看到你手中的棒棒糖,若不能立刻得到并塞在嘴里就会焦虑、哭闹;如果他不喜欢你,他会大哭,或者向你扇一个小耳光来表达他的不满;饿了没有东西吃,他会愤怒、悲伤;睡觉被人打扰就会焦躁不安。孩子是不能够延迟满足的,要求马上得到是他们的标志。当下很多成年人就是如此,不能忍受片刻的寂寞、无聊、孤单、拖延。

"快快，再快一点"成了一种生活方式，信是不会有人再写了，甚至电话都懒得打，动动手指也很累，一个表情或"呵呵"就可以解决。外部现实的提速并不代表内心必须提速，这不是一个正比例问题。既然所有的终点都已写好，你还要着急去向哪里呢？让你慢下来是让你感受生命原本的样子，任何人为的加速都是拔苗助长。你的孩子不是神童，不要让他一周上十几个辅导班。

　　还好现在很多人都意识到了这一点，骑自行车的人（希望不仅仅是怕堵车）越来越多，吃粗粮、亲自种菜成了时髦，周末回归田园成了休闲，放下手机的口号越喊越烈。还有更好的方式——慢走与慢写。很简单的小练习，但会让你的心安静下来，不那么烦躁。慢走十分钟，慢写十分钟，就这么简单。

　　慢走有多慢？你平常走路速度的四分之一吧，你还可以更慢。你可以和家人搞个比赛，看看谁走得慢，但不能停，一定很有趣，孩子也会喜欢。你自己慢走的时候，小臂自然弯曲，上身挺直，缓慢地移动左右脚，同时双臂随动作摆动。人们已经习惯了自动化反应，从学会走路那天开始，你就被教导着"快点走、快点走"，所以刚开始时你会觉得别扭，但你要知道生活原本就应该是这样的。

　　所有的体验都在里面，这时候你很真切地感受到：你的脚掌是如何离开地面的，脚跟是如何接触地面的；当你的左脚抬起，右脚感受到重力的变化；还有膝盖弯曲的感受，双手和风融在一起的体验……环顾四周，世界慢下来了，也变得更真实了，你从未注意到身体是如此轻盈，内心是如此柔软，旁边的水杯是如此可爱。

　　慢走十分钟后，你的心安静了，好像追逐的东西离你很远，或许它们和你本就那么远，是你强行拉近的。这时候拿出纸笔，开始慢写。

　　还记得小学一年级老师如何教你写笔画吗？就像那时候一样，全身

第四章　用书写哀悼失去，用书写解脱束缚

心集中在撇捺点横上，你会发现你的眼睛、手、笔、笔尖吐出来的墨水都是一体的，每一横一竖从哪里开始、在哪里结束都如此清晰可见。你看见了自己是如何把它们创造出来的，然后由一个字变成一个词、一句话、一篇文，它们就像你的孩子，充满了生命力，性格沉静、从容。

书写的速度有多慢？和走路一样，是你平常速度的四分之一，刚开始你可能受不了、很急躁，也会觉得没什么意义，可是做什么有意义呢？当你的心思不在当下，就算你飞奔到月球也没有意义；当你的心思全然在当下，月球就在你指尖，这并不神奇，只是你从未体验过。你就像已经编辑好的程序，被算法和概率完美到最大化，你看到任何事情、说的话、所有的行为、吃的饭、睡的觉、工作学习都是依照设定好的线路。一个事物浮现的时候，你立刻知道下一步该怎么做，而不注意你做的每一个瞬间的内心情绪和感觉，这只是习惯而已，当然也是无聊和无意义的重要原因。

慢下来书写会让你找到生活的点点滴滴，和慢走结合会发生奇妙的作用。一天十分钟，也可以二十分钟，就会让你开始留意身边的每一件事物，会让你走神的心回归，也会让你感知你的每一个动作是你内心的真实呈现，还是一种自动程序。

你可能不习惯慢写，我可以告诉你一个方法：抄写。你可以找出曾经的语文课本，那里面都是经典的句子和短文，拿出铅笔一笔一画地把它们写一遍、再写一遍，一篇又一篇，这不但可以让你慢下来，还可以让你有一种美好的回归体验，时间久了你会发现你紧绷的肌肉放松了，你的心柔软了。更有仪式感一点、神圣一点的是手抄经文。经文的每个字都蕴含着宇宙的奥秘和心灵的原始情结，也蕴含着世世代代人类的无意识结晶，在那里，你一定会找到归途，你的笔连接着佛性，轻柔又慈悲。

若你喜欢写日记，我更要建议你这么做，因为慢写是接收，接收来自空间所有的能量，你会有力量，会感恩自己的存在。而力量和感恩是书写和做人的灵感原动力，让你不再强迫和焦虑。

第五章

坚持书写,珍惜当下、回归自由

1

写下熟悉城市中的陌生，会让你更丰盈

所谓旅行，就是从自己待腻的地方到别人待腻的地方。但我要告诉你一点：你所在的那座城市，无论你待了多少年，也许总有你没去过的街。去逛逛这样的街吧，把它写出来，就当你去旅游了。这就像潜意识，一个人以为自己已懂了太多太多，但内心总有个角落，他从未抵达。这就是为什么我让你写熟悉城市中的陌生——在那里，你会知道什么是光阴流转，什么是一念之间。

我真正注意到这点是在九年前。我住在城东，城东有家包子铺，我在那儿吃了十几年，那家的馅儿只有一种：豆腐、虾皮和猪肉的组合。每次去吃，排队的人一直排到胡同口。这家店是一对外地夫妻经营的，店面很小，小到不仔细看都不会注意到。刚开始还有块招牌，上面写着"江南包子铺"，时间久了，招牌上的字被风化得看不清了，店里的餐桌、板凳也都是老式的那种木头小桌子、小板凳，店家从来没更换过。

第五章　坚持书写，珍惜当下、回归自由

或许是生活的日渐便捷和复杂使人们对古老的东西总有一种向往，仿佛这样就能挽住时间的脚步，留下渐行渐远的岁月。产品的单一象征着不忘初心，始终如一的配方和口感使得这家老店历经数十年却不衰，而我要谈的却是另一件事。

有一次，就在我吃完准备离去时，狭窄的胡同已被人群和车流塞满，我本能往右走去，大约三百米的样子，发现了另一条胡同，出于好奇，我拐了进去。刹那间，一股陌生感袭来——我从未来过这条胡同——青石板小路，路旁的冬青骄傲地抬着头，周边还有零星的不知名的小花，两侧石墙斑驳褪色，墙上铺满爬山虎，密密麻麻，一片绿色。

我停住脚步，伫立良久，那一刻，我仿佛置身于另一座城市，周围的一切是那么陌生，那么生机勃勃。我用一种从未有过的角度审视生活了几十年的地方。从此，我特别留意熟悉城市中的陌生环境，不是商场或酒店，而是街道。熟悉的城市，陌生的街道，一个驻足思索熟悉的旅人。

我想起了我的来访者，他们无论出于什么原因找到我，总是充满了对熟知自己的陌生，这种陌生感让他们恐惧，觉得这些本不属于自己，于是让我帮助他们驱散这种陌生。我并没这样做，而是教他们用全新的视角看待陌生，让他们明白这种陌生的焦虑里有着多么熟悉的味道，它依然属于自己的身体、自己的思想，并不是天外来客。有了这样的领悟，他们就能接纳痛苦的陌生，不仅如此，还能学会站在心灵的陌生领地重新审视熟悉的自我，会多几分淡然和从容。

就像我，当我懂得了一条街道是我从未去过的，我对这个城市的认识便拓宽了。任何事物都是如此，你恐惧的是你不知道的那部分，夜晚的"鬼影"到了白天再看，原来只是挂在衣架上的旧衬衫。这也是我让

你写下熟悉城市中的陌生的原因——它会打开你心灵的另一扇窗户。

你只管拿起手中的笔,不停地写,从你身边的小石子开始,直到街道尽头,看到什么就如实地写什么,以自己为中心向周围扩散:身边走过的穿红衣服的小姑娘、挑着两筐苹果的老大爷、暗黄色的楼房、疾驰而过的车、头顶纵横交错的电线、旁边开得正旺的牵牛花、一家只写着"商店"两个字的小卖铺、被风撕成好几块的云……你就是他们的一分子,你正在用笔替当下的世界发出声音。

直到你写累了,停下来环顾四周,然后舒展下身体或者喝口水,静静盯着自己的文字,再大声读出来,抑或是默默地在心底读。那一刻,你知道,你的心灵正在慢慢打开,像被翻开的拂掉灰尘的旧日记本。

你知道,陌生的也并不只是街道,那不过是我喜欢的,你不能被我的思路限定住,你的思想是你的,里面住着万物生灵,没有人能把它拿走。

总有朋友说身边的景区游客络绎不绝,而自己从未去过。何必呢,你难道一点都不好奇为何那么多人不远千里来到你所在的城市?走进去看看吧,看看你所在的这方土地,看看祖先给你留下了多少珍宝。

城南的那座小山你一定没去过吧,还有坐落在市中心的博物馆,甚至你上班走了好多年的小公园的西北角凉亭。也许你带孩子去过,可你自己不愿意花时间发现身边的美好,更不愿意用笔描述它们。

现在你知道了,带上一个本子、一支笔,走向它们,触摸它们,与它们对话,向它们介绍自己,诉说你的欢欣与苦恼,然后记录下它们对你说的话,一个字都别落下。

你可能觉得自己不会描述,那就写下它们的名字:石头、榆树、垃圾桶、餐车、路障。然后找一个安静些的环境,盯着你写的名字进行自由想象,再把你能想到的所有东西写在本子上。我和你谈过自由联想,比如"榆树"会让你联想到什么?也许是它很老,也许是小时候和哥哥在树下捉迷藏,也许是身边的老榆木书桌,也许是和前任分手时的落叶,也许是父母吵架的样子……就这样,把你的联想写下来,除了是素材,更是回忆的再现,对于提取、清理内心的焦虑有很好的效果。当然,这需要坚持。

其实,旅行的本质是心灵的放飞,既然你的城市有那么多你从未到过的地方,你何必去另一个遥远的地方呢?你要去的并不是诗和远方,而是心中未曾企及的领域。你需要换一种思路看待世界,这本质上是从另一个视角看待自己。

2

茫茫人海，让文字见证你们的遇见

有些遇见，必须写下来。写下来是为了让你知道，有些事、有些物品、有些人从未离去。写下来是为了彼此相认，确认在心中的位置。你可以用整张纸、整个笔记本记录遇见的每个瞬间、每种体验，记录如何相识、相知，又如何相恋、相杀、相守到老，抑或是相离。人海茫茫，没有无缘由的遇见，有多少人在你生命里来了又走，又有多少人从此驻扎，对你不离不弃，还有多少心爱的物件成了永恒的纪念，它在，关系就在。

我现在用的笔是支凌美牌的红色钢笔，是一个朋友的馈赠，并且是一个很有含义的馈赠，很久以前我就想写下来了，但直到今天才成为我文章的素材。三年前的五月，我去北京参加亚隆团体培训，坐在第一排，右侧是北京本地的一位同学，她很优秀，精通英文，有翻译不当的句子，她会指出，是一个有钻研精神且知性的人。

第五章 坚持书写，珍惜当下、回归自由

那五天集训，她手中的笔掉了三次。第一次掉在我脚下，我帮她捡了起来，第二次掉在了她身后，她转来转去找不到，我发现了，再次帮她捡了起来。最后一天课程结束，大家恋恋不舍，纷纷拍照留念，这位同学却早已离场，或许她有更重要的事情吧。我去了趟卫生间，然后回到授课大厅，又一次地，在纷乱的脚步中，我看到了那支安静地躺在地上的笔。我赶紧上前捡起来，这支笔居然没受伤，几十号人也没发现，我轻轻擦了一下，给那位同学发信息，告诉她那支笔再次被我捡到，她发了个笑脸，说："那就送给你吧，看来它属于你，它书写很顺畅的。"从此这支笔就一直陪着我，我用它心灵书写、记笔记，它变成了我重要的身边物，时间久了，其他笔倒用不习惯了。

这就是我和这支笔的故事。不知道我这位同学用了几年，写了多少自己的故事。它更换了主人，作为新主人的我定会好好珍惜，会像我那位同学一样努力，写出更多的生命故事。

物品和人一样，都是有灵性的，你待它好，它也同样会爱你。每件物品都和你有千丝万缕的联系，正是因为这样的联系，它才会属于你，你也属于它。这样的缘分，让万物和谐共处，构成世界。

阿万纪美子的绘本《爸爸的围巾》里，小主人公阿蒙戴着爸爸的绿色围巾，什么都不怕。围巾给他带来了力量，让他敢在夜里一个人走，让他解决和小朋友的矛盾，让他照顾妈妈，让他打败大黑狗。这条和他形影不离的围巾最后变成了春天的绿树绿草，他也变得更勇敢、乐观、自信，就像爸爸从未去世。很多物品就像这条绿色围巾，流动着最爱你的人的血液，有着他的味道，按照心理学家温尼科特的说法，这样的物品就是"过渡性客体"，让你度过悲伤、抑郁。把它写下来，写下你与它的渊源，就像写下你爱的人的样子，会让你更有自主感。

而有些东西不属于你，会找机会离你而去。我曾偶得一美玉，颜色是通透的翠，价值不菲，我却把它遗失了，万分着急，最后在一片杂草中寻见。三个月后，我在书柜旁失手，玉石碎成两半，我悲伤了好一阵。最终我把它写了下来，把我的珍爱、遗憾、伤心统统用文字写了出来，以此作为一种仪式与它告别。

　　人与人之间更是如此，我遇见了太多人，有的擦肩而过，有的几年联系一次，有的并肩携手。但我知道，消失在人海的他们并未走远，他们在我心里的一个角落，一直在。

　　我的电脑里有一个占用很大内存空间的文件夹，里面记录着我所有的来访者、他们的故事、我们的每次谈话、彼此的感受、每一种体验、一个又一个心路历程。这是我生命中最重要的文字，随着时间的推移，这个文件夹里的内容会越来越多，那里有对生命自由的渴望与挣扎，也有我们在一起的无数个五十分钟。而且我发现，我的来访者朋友的内心也总有个位置，和我很像。所以，你是什么人，就会吸引什么人，我们就这样，看见了对方身上的自己。

　　出于对书写的热爱，我认识了许多文友，虽不在同一座城，但都对文字有很深的情怀——每个字于我们而言，都藏着爱与执着。所以，我相信会遇见，其实不管遇不遇见，心已经在一起了。

　　有位南方的文友春节后专程来见我，她热爱书写，也是一名心理咨询师。那天我什么都没安排，我知道，当今社会匆匆忙忙，没几个人会不远千里专程为了见面。见面后也不显得陌生，文字让我们相识多年。喝茶、聊天，连吃饭都舍不得，对爱文字的心理咨询师而言，聊天一定会省略不必要的了解与寒暄，谈话直击要害。在彼此心中，这才算聊天。

　　在聊天中遇见了另一个自己。

第五章 坚持书写、珍惜当下、回归自由

我有位来访者朋友，和她丈夫初遇时，发现这个男人竟然是自己三年前心仪的那个人，那时他们相互欣赏，每天都在路口遇见，只是一眼便心生好感，但并无交集。没承想几年后他们成了夫妻，尽管彼此经历了一段婚姻。她说："好像我们前生就已经认识了。"

电影《向左走，向右走》男女主人公的房间仅一墙之隔，他们出门总是一个向左走，一个向右走，从未遇见。有次在一片水池的一端相遇，一见如故。可后来留的电话号码被雨打湿，从此又不复相见。直到后来地震把那堵墙震塌，他们才突然发现，原来两人中间只隔了一堵墙。

许多人在同一座城市，可并不见面，有些人远在天边却总能遇见。就像我自己，大学时也有本地同学，可十几年从未谋面，倒是总去见远在其他城市的同学，与他们喝酒、聊天、唱歌、通宵，恰似当年。

人与人之间隔着一堵墙，想见，就会推倒这堵墙，不想见也有不见的缘分。不见并不意味着对他有意见，而是心中的交集或许就那么多了。这很像心理大师荣格谈到的共时性，有些人、有些事、有些场景就在那一刻、那一瞬似曾相识，甚至某人说一句话、旁边开过一辆车都好像已经发生过。不知你是否遇见过，那是一种内心早就熟识的坦然，一种会心一笑的接纳，也有看似奇怪又深知如此的默契。而我，总会把它们记录下来，写在纸上。

每次遇见都是自己内心的成长，你不能忽略这样的美好与失落。你可以把它写在日记里，那里只有你自己，也可以像我一样写给别人看，我相信，看到的人和我很相似，在内心某个地方，我们是熟知的。

要深信：你在提笔书写的时刻，那个人、那件物品就在你身边，知道你正在诉说属于你们的故事。

书写时，你们重逢了。

学员书写练习：相似的人，总会相遇

作者：亭玉子

今天我想说一说我和小欧的故事，故事得从二十年前说起。

我六岁进入校园上学前班，小欧比我大一岁，因此我们成了同班同学。小欧是住校生，我是走读生，同学间的那份情意随着时间慢慢变浓。在与小欧共度的六年多的学习与生活中，很多记忆如今已变得模糊不清，唯有一件事儿，我依然清晰。

大概是读五年级的时候，我和同村的其他两个女同学打算一起去小欧家玩，小欧听到后表示非常欢迎。到了周五，我和同学以及小欧一起兴高采烈地向着她家走去。我们走了很长的路，翻了一座山，又爬到了一个小山坡上，这才看到小欧的家。

小欧她们村只有四五户人家，小欧家的房子在半山腰上，路有些崎岖，但不影响我们激动的心情。小欧的爸妈热情地款待我们，到了晚上，我们几个同学挤在小小的房间里谈天说地，聊到很晚才睡。次日天明，小欧带我们爬山、摘野花、摘树上的果子。蓝天白云，青山绿水，微风习习，好不自在，我们嬉戏打闹，真是快乐。

小学毕业后，因为没有在同一所中学读书，我和小欧就没有再见面，只是偶尔从其他同学口中得知她的男朋友是初中同学，两人相恋已经很久了。

时光流逝，小欧在我的记忆里更加模糊了。分别了七年后，一次偶然，我在镇上遇到了小欧和她的妈妈。大家多年未见，尽管内心十分激动，但彼此都显得有些陌生和害羞，所以寒暄了几句就分开了。

再一次见到小欧是我结婚那天，当时由于琐事太多，也因为自己太过年轻不懂事，没有更好地照顾来参加婚礼的同学和朋友，包括小欧。

第五章 坚持书写，珍惜当下、回归自由

我只记得那会儿我匆匆接过小欧递给我的红包就没有再理会她。后来从别人那儿得知小欧和她男朋友送完礼就走了，没有留下来吃饭。我心里非常愧疚，便打电话向小欧解释，电话里她显得很轻松，并让我不要将那天的事放在心上，我顿时很感动。

半年多后小欧结婚了，当时我怀着女儿，没有去参加她的婚礼，之后也就没有再见面，但知道她生了一对双胞胎。

两年后的一天，我去镇上逛街，还是那条街、那个路口，我见到了小欧和她的丈夫还有孩子。她的丈夫抱着其中一个女儿，另外一个女儿在推车里睡得正香，岁月静好、现世安稳不过如此，看着如此温馨的画面，我甚是羡慕。随后，我们就这样过着各自的生活，了无交集。

直到去年九月我离婚的那天，我又一次遇到了小欧，没有特别的计划，没有提前安排，依然是那条街、那个路口。是小欧先看到了我，她唤我名字的时候我一脸惊讶，我在心里嘀咕："我刚在朋友圈发完离婚的事儿，转眼之间就遇到了老同学，这世界真的很小。"

难得见上一面，我们就多聊了一会儿，小欧告诉我，她是因为最近和丈夫吵架无心工作，出来散心恰巧看到了我。我从小欧的诉说中得知，她的婚姻也走到了离婚的边缘。原来，我看到的岁月静好背后也是一地鸡毛，家家都有一本难念的经，自己的苦只有自己知道。

至于我和小欧之间的缘分，让我觉得不可思议的有两件事。第一件是政府扶贫的回迁房也有小欧家的一份，她的新家就安置在我家地的对面，我经常能看到小欧的妈妈和她的两个女儿。另一件是在我离婚的几个月后，她也离婚了，这是我万万没有想到的，毕竟她和丈夫的感情已有十多年，还有两个孩子，离婚牵扯的东西太多、太烦琐。而事实是，无论多么深的感情也会在一瞬间荡然无存，无论多么美的誓言也会被琐碎的生活磨灭。

同是天涯沦落人，我和小欧有了更多相同的话题和感受。我常常觉得小欧是另一个我，我能在她身上看到自己的影子：在婚姻中挣扎、绝望、隐忍，离婚后的暗淡、失落和故作坚强。

　　每次看到小欧，我都很心疼她，很想保护她，尽管她比我高很多，但我是真心希望自己能带给她温暖和力量，让她尽快走出离婚的阴影，过好以后的生活。但她好像不需要，因为现在的她每天拼命工作，努力赚钱抚养女儿，让自己和家人过得更好。她已成了一个坚强独立、积极乐观的魅力女人。

　　从分开到相遇，从相遇到离别，然后又相遇，我知道冥冥之中有一种东西牵引着我和小欧，让我们在百转千回、时过境迁后依然能重逢在那条街、那个路口。就如昨天，我正打算写下我和她的故事，不承想晚饭过后，她就打电话邀请我去她家玩，而我有其他事耽搁了一下，就这样错过了。不过，我们现在同住一个村，见面的机会更多，有缘的人终究会相见。

　　我知道我和小欧最大的相似之处是：我们在看尽了人性的丑陋、感受了人间的冷暖后，依然努力生活、微笑前进；我们在痛苦的婚姻中几经挣扎，最终涅槃重生，活出了一个全新的自己；我们不将就婚姻，不屈服命运，从痛苦中走来，又向幸福出发，我们都拥有一颗勇敢的心。

　　我想，此刻小欧也一定知道我在书写我和她的故事，我能深深感觉到我们的心已经紧紧地连在了一起。

　　或许，几天以后我和她又会再次相见。因为相似的人，总会相遇。

3

一切灵感都来自坚持

　　我的来访者中,有和我一起工作几年的,也有只工作一次的,尽管开始我会和他们说探索内心需要过程,就像痛苦不是一天形成的,但还是有人会离开,所以这一篇我要对你说:坚持。

　　你和一个人没关系,就不会在乎他,比起他,你更关心孩子上什么补习班,更在乎孩子,因为你和孩子有关系。咨询师和来访者也是如此,你们若对彼此不感兴趣,也不愿意花时间互相了解,那么咨询效果就和看书、听课没什么区别。咨询获得好效果离不开坚持。

　　从"我凭什么相信你"到"你也需要休息"隔着"关系",建立关系需要坚持,特别是当你有强烈情绪时,这是关系出现的标志,很少有人会对陌生人产生强烈情绪,特别是负面的。你不大可能骂隔壁老李,你会骂自己的家人,越是骂就说明你越在乎。心理咨询中把这样的负面情绪当作阻抗的一部分,它们阻抗的不仅仅是关系的进一步发展,还有改变的力量。很多内心冲突来源于此，知道这样想不好，却控制不住；知道拖延不利于工作，但还是拖延；知道不该这样做，却还是做了。阻止你往好方向发展的那部分能量就是潜意识往后拖你的动力，这需要被分析、探索，而不是逃离。此时，你要坚持一次，再坚持一次。

许多抑郁患者有很深的无力感，做任何事都没有动力，总在等有动机和欲望再行动，结果春去秋来，徒劳等待，并为自己的等待悲伤，最后更加抑郁。究竟是先有动力，再有行动，还是先有行动，再有动力呢？我告诉你，要先有行动，然后在行动里得到动力，这是你要坚信并坚持的原则。

行为疗法重视行动和坚持，并给求助者布置家庭作业，让求助者日积月累，每天坚持一点。我认同这一点，在探索内心无意识的过程中不能忽视现实中行动的力量。结果是显而易见的，坚持下来的人好转了，放弃的人继续等待，或者寻找下一轮帮助。

成功其实很简单，坚持就行了，在这条路上，坚持不住的人太多了。书写也是如此。你不需要提前给自己设定目标，非要写出伟大的作品，你知道伟大的作品是怎么诞生的吗？作家们经历了无数不眠之夜，写烂了无数本笔记，才有了《老人与海》与《悲惨世界》。

你要为自己写，不是为了他人，要信任自己的身体与灵魂，要听从它们的指引。我在公众号写作比较晚，但坚持了半月就可以开通原创了，可总有人开通不了；我在"简书"写了一个月成为专题推荐作者，又写了三个月成为签约作者。我唯一的秘诀就是坚持书写、忘掉结果。

所有的字都通往心灵，那里有一片无尽汪洋，你的字就像片片树叶，永远也填不满它。灵感是无止境的，你只需写下去，听从内心写下去，生命的本质就在坚持之中。

很多人提倡日更，也有人反对日更，我没感觉，因为当书写变成一

第五章　坚持书写，珍惜当下、回归自由

种生活方式，名称不重要了，频率也没那么在乎了，你可以一天更八篇，也可以八个月更一篇，这是你的自由。很多人在乎粉丝量，在乎点赞和转发，我更没感觉，每个愿意留下来的并不是因为数字，比起几百个泛泛之交，我更愿多三两知己。

你唯一在乎的应该是书写时你是否安心。只有特别喜欢的事，做的时候才心安，否则会焦虑。书写时内心是丰盈的，你才不会因为缺乏灵感而焦虑，因为灵感就来自你一天一天的坚持。这也像心理咨询，只有领悟了才谈得上改变。咨询师只不过是你手中的笔与纸，是帮助你书写内心的工具，你要做的就是不停写下去，而不是问"老师，我该不该这样做"。如此，领悟才会发生。

许多人误会了坚持这个词，觉得坚持应该是很用力，咬着牙，憋着气，消耗着能量，做着不得不做的事。这可不是坚持，这是遭罪。坚持的前提是热爱，热爱促进坚持，坚持又能激发热爱，这是一个良性循环。我不在乎"回收站"里被扔掉的上百篇写不下去的文，也不在乎被大号转载的文，这一切都是自然的经历。签约、出版固然会让你更有动力，但真正的动力是渴望。所以，我让你忘记结果，每个结果都是一个开始，每个开始也都是一个结果，一切的爱来自过程。

前几天和一位朋友聊起得到与失去，在我看来，得到也是失去，失去也是得到，拥有什么便是不拥有什么，这不是高僧语录，而是一种将自己融入当下的安稳。此时此刻你和我在一起，就叫拥有；我、书桌、椅子、键盘、屏幕上的字，我们在一起，就是得到。你去感知它们，它们也会试图懂你；你爱你写的每个字，你的字就会懂你。

我可以负责任地告诉你，你珍惜了此时此刻，你坚守了一天一点的书写练习，想要的结果就会来，而你不悲不喜，好像知道它一定会来，因为，这个结果本就是过程的一部分。来访者回忆起的往往不是症状的

改变，而是与咨询师在一起的日子，他们曾用心珍惜过那时那刻和每一个当下的发生；多年后情侣回忆的不是结婚和分手，而是两人在一起的每个时刻。

心灵书写就是如此，你要允许自己写出世界上最烂的文字，然后在某一天你会发现这些字和句子会发光。发表的话，把它们作为素材，用心体会当时的感受，这样的文字往往最打动人，它们是由心而发，并非讨好他人。

所有事情都一样，对待它们要像对待你的咨询、你的书写——给自己一个坚持的机会，一个守住内心、抵挡诱惑的机会。找到适合你的方式活着，并坚持，然后你会懂得：简单的真实便是拥有。

4

书写是你攻击性的升华

我以为，影响人类进程的两大武器是枪和笔。政权是从枪杆子里走出来的，指挥枪杆子的是笔杆子，就象征意义而言，一个代表行动，一个代表思想，它们都是力比多（libido）升华的结果。不要以为在这一篇我会给你普及深刻的心理原理，我只想让你明白一个道理：书写是升华了的战斗力。

简单和你说一下力比多，否则你可能会在这个地方停滞不前。这是弗洛伊德提出的，许多人狭隘地理解为性欲望、生殖系统的某种原动力。其实不然，它的范畴很广，我们可以用一句话简单理解：力比多是心理的初始能量、欲望、原动力、本能。力比多指挥着你的生活，尽管有时你并不知道。弗洛伊德同时认为：一切症状源自力比多投注的方向出了问题。比如自恋型人格是力比多投向自己；性变态是力比多没有投到正确事物上，它可能投向了一件内衣、一名幼童、一具尸体。

攻击性是力比多本能的一种，这在孩子和动物身上很明显：孩子不喜欢你会用手打你；一只动物攻击另一只动物；男童撒尿时朝天扫射。这都是原始攻击性，后来规则诞生了，让你知道该干什么不该干什么，让你心中出现了超我，有了规则、制度、集体意识。超我规范了攻击，攻击性一出来，超我就用内疚、自责来惩罚，所以，本能欲望往往出现在梦里或症状里。

攻击性需要升华到社会伦理允许的范围，这样才能有所作为。我的一个朋友口无遮拦、善于雄辩、思维敏捷、喜欢驳斥别人，他在一家企业的生产部门工作，同事们都不喜欢他，因为无论说什么都会被他质疑、反驳、嘲弄。同事们拿他一点办法也没有，他说的没错，甚至会"舌战群儒"，把大家羞辱一番。同事们对他都避而远之，大家谈得热火朝天时，他一出现，全场立刻安静，别人也总给他找麻烦，时间久了，他被孤立了，很痛苦。

后来他听了我的意见，申请调到了销售部门，这可不得了，就像久旱逢甘露，鱼儿见了水，他的销售业绩步步攀升，不到半年便成了总监助理，名利双收。他对我非常感恩，逢年过节总会来看我。

其实我做的很简单，就是把他的攻击性升华并转移了。他严谨的思维模式和强烈的表达欲望用于人身攻击是一种破坏，但用在开拓市场、客户谈判却是一种建设。我断言，稍加培养，他一定能在事业上更上一层楼。

因为各种原因，每个人都有攻击性，合理释放就可在某个领域深入。有完美情结之人一丝不苟且带有强迫和洁癖特质，若是在质检、监察部门，一定有所成就。总之，你心中的攻击能量需要有地儿释放，把不合理的破坏性释放，转移到合理的途径，这就是升华。

心灵书写就是攻击性很好的升华。

曾经有位朋友对我说:"老师,我一生气就有想杀人的冲动,想毁了这个世界。"我知道他心中压了座火山,若不能有效释放,一定会出乱子,伤人伤己。于是我给了他两个办法:一个是呐喊,一个是书写。

他们家附近有座小山,听了我的建议后,他每周爬一次山,到山顶呐喊、怒吼。很多人喜欢爬到山顶呐喊,这是在释放攻击性的情绪。我让他在自己房间钉了块大白板,不停地把心中想说的话、骂人的念头、想毁灭世界的感受写下来,写了擦,擦了写,不要管字体,用自己都不认识的"狂草"书写。一个月后,他明显温和了。然后,我们继续走进内心,看攻击性的源头藏着什么,看潜意识的内容是什么。他若把怒火用在划别人车、吵架,用在纵火、抢劫等方面,后果是不堪设想的,用于书写不仅升华了他的攻击性,还很有美感。

有个建议:准备的本子除了不带格子,也要厚实一些,每张纸要足够结实,笔写起来要足够顺畅,握在手里感觉要好,笔尖要足够坚硬。因为有时愤怒情绪上来了,便顾不上很多,一般纸张很容易被写成碎片,质量一般的笔也承载不住怒火。只有"武器"能足够容纳情绪时,书写才可以尽情。当然,你完全可以用键盘,这由你个人喜好而定。

有位同道原来喜欢摔东西,家里面的花瓶、锅碗瓢盆无一幸免,手机摔坏了两部,电视机也摔坏过。书写前期,笔被踩碎过,纸被撕碎过,但家具是不摔了,因为她的攻击性转移了。再后来,写得越来越顺,现在她已深深喜欢上了书写,还在当地报纸发表过散文、诗歌。

说到这儿,若你喜欢写点什么,那就恭喜你了。我知道,你的情绪、攻击一定变成了文字,它们释放了你的压力,润色了你的生活,并且,一定拓展了你的人生。任何东西都会使人成瘾,比如酒精、烟草,但它们会损害健康。书写不会!你若是养成了每日写点什么的习惯,无论什么,可以发表也可以不发表,你说了算,只要坚持下去,你就会越来越多地看见自己。

当书写成了习惯，一些缺点就会改正，比如攻击性。用书写的方式扔掉内心的压抑，同时创作一篇打动人心的文章，利人利己，还会影响越来越多的朋友，让他们跟随你一起书写、一起疗愈。

开始写吧，把你的愤怒、冲动、内心的魔鬼化作一个个叮当作响的字，响在灵魂深处。

第五章　坚持书写，珍惜当下、回归自由

5

寂静止语，用书写呈现自己

我们这个物种，用两年的时间学会说话，却要用一生来学会闭嘴。

心理咨询中有一个基础的、重要的、不可替代的技术，那就是倾听。但倾听也是最容易被忽略的，想一想你所有的人际关系，几乎都在说话、说话、说话。什么叫沟通？粗浅的解释就是通过语言进行交流。嘴巴的功能不只是吃饭，还有说话。与此同时，因文化的需要衍生了各种语言的拓展训练——口才班、演讲班、辩论班，它们的唯一功能就是教人们通过声音表达某种意图。

心理咨询离不开说话，否则就是沉默，沉默被大多数咨询师视为阻抗："刚才你在想什么？这样不说话你的感觉是什么？沉默对你而言经常存在吗？彼此不说话，你是什么体验？"不说话意味着有问题，越来越多的孩子因为不爱说话被视为有问题。很多家长向我咨询："我家孩子不爱说话，怎么办？我孩子不喜欢和别人沟通，我说话他都没反应。

老师，孩子是不是有自闭倾向啊？"不说话已经成了另类。其实，语言本身是后天习得的一项工具，并不是与生俱来的。

日常交往中，沉默意味着尴尬、焦虑、冷漠。有人会说："你说呀，到底怎么回事儿？""你不说我怎么知道？""我就知道你没话说了吧？""你爱说不说。"焦虑的不是不说话的人，而是交流的另一方。人类习惯了使用语言，同时也深受其害。言不由衷、只说不做、流言蜚语、谎言皆来自于说话，所以，语言是会骗人的。

有一句话是：你不懂我，我不怪你。每个人都渴望有一个人懂自己。懂得是一种什么感受？我来告诉你：懂得是一种屏蔽了所有语言后依然在一起的感觉。让恋人记忆更为深刻的不是热恋期的甜言蜜语，而是那种无声的默契：两人没有说一句话，只是四目凝望，但会微笑、接吻、流泪，这种感觉就是懂得，超越了语言的表达。

我最爱去的一条小吃街有家夫妻店，两人对于食物加工的配合真可说是天衣无缝：妻子烙完一张油饼，用棍子挑起，转着抛向三米开外的桌子，油饼在空中划过一道弧线，丈夫手里缠着条毛巾，一边转着锅里的油饼，一边稳稳接住妻子抛过来的油饼，放在桌面上。油饼出锅，丈夫手起刀落，咔咔几下油饼就变成了小方块，过秤、装盘、收钱、找零，一气呵成，俩人相对一笑，然后继续做下一张。有时我会错以为夫妻二人是隐居民间的侠客。这很吸引我，有时我在那里待很久，却很少见他们说话，我想，他们或许已不需要言语了吧。

在我的观点里，不使用语言的在一起很重要。你一定会反驳我，说大家都在说话，而且抢着说话，在饭局、在聚会、在任何场合，人们都在说："快听我说！""瞧，我是对的。""快看我！""我是知道

第五章 坚持书写，珍惜当下、回归自由

的。""我发生了什么事。"于是倾听成了奢侈品。

我的来访者中，很多人都表示，他们喜欢我的原因就是我能在固定的时间用心地听他们讲话。当人们都在说"我要"的时候，"我给"便成了奢望，同样，当大家都在说话的时候，倾听便成了接纳。

我咨询生涯中遇见的最长的沉默来自一个十岁男孩，在我们的第九次咨询中，我和他沉默了五十分钟（一整节）。我们中间没有任何阻挡，也没有玩具，我们俩就在游戏室里，我坐着，他站着。准确地说我说过两句话。中间的时候我说："坐一会儿吧。"结束的时候我说："我们出去吧。"整个五十分钟，我们只听到孩子父亲在外面的打电话声和脚步声。这也是我记录单次咨询内容最多的一次，我用了五千字描述我们的沉默。你知道吗，当没有了语言，除了用心，没有其他途径。那次咨询结束后我很累，躺了好一会儿。

我深知倾听沉默是多么需要走心，有时一次心理咨询我说话很少，但消耗很大：我要看对方的眼神、动作、表情，要听说话的内容，要听说话的背景，要听说话的含义，最要命的是我本人有个特点——很容易有画面感。对方在诉说时，我很容易进入语言描述的场景，我会看到一幕幕往事，会像看电影一般看往事重演：我看见那个孩子孤单地蹲在马路边，无助地望着撕扯在一起的爸爸妈妈，我也看见凶恶的父亲的苛责目光。

这是我的一种能力，正是这种能力，让我很容易走进来访者的早年经历，仿佛我就站在来访者身边。与此同时，没使用任何语言的我十分伤神、悲伤，就像他的父亲骂的是我。这是深度的共情，是懂得。

我想你已经懂了，书写的真正奥秘在于寂静、止语。我用五千字描述不说话的场景，学会闭嘴。而你，使用自己的直觉，会发现写出来的字是热的，甚至有时是燃烧的。

每次书写前我都沉默很久，一直到有些话堆积在喉咙，将要喷薄而出，我才拿出纸和笔，有时是直接打开电脑，开始敲字。我喜欢自己的这两种状态：用纸笔将情绪倾泻而出，用键盘慢慢敲打思绪，前者是心灵怒吼，后者是心灵细雨。

从"狂草"中随便拿出几句，用心和它们在一起，寂静、止语、冥想许久，一篇文章就会诞生，而且绝不做作。

按照以往的习惯，我总会谈一下原理。"止语"之所以能够让你自由书写，能够意会倾听的重要性，是因为张力。你内心的所有感受像一个气球，充满了原始本能的气体，正在慢慢膨胀，变得越来越有张力，此时此刻，使用语言就像是用针刺破气球，张力会慢慢驱散，气球会不那么饱满，有时还会变形。气球越来越大，快要爆炸之时，就是情绪集结，即将喷薄而出之时。此刻，你撒开气球任其疯狂乱窜，还会听到刺耳的噗噗声，那叫一个痛快，这就是心灵书写。

所以，闭上嘴巴，听听你的伴侣、孩子在说些什么，你只使用心，它会指引你拥抱或微笑。听我的，那一刻，你会看见对方久违的欣喜，也会看见不一样的自己。

6

三种适合书写的状态

佛教所云：净土，是指清净国土、庄严刹土，也就是清净功德所在的庄严的处所，是诸佛菩萨为度化一切众生，在因地发广大本愿力所成就者。因为有十方三世一切诸佛菩萨，因此也就有十方无量的净土。

我们每个人心中也要有一方净土，来化解彼时婆娑、此时苦难，正所谓度人先度己，六根清净并非让你斩断红尘，而是让你于心中寻得一块田地，除去杂草，播种慈悲，给予自己宽容。

在我看来，自己内心的净土需要纯粹、无杂质；需要自由，有了自由你便是王者，任意驰骋；需要庄严，你要守住这方净土，任何人不可染指。事实上，这是一种理想化的境界，不过，不是没有可能，佛祖不是在菩提树下开悟，普度众生了吗？而你，也是有方法寻得你心中这棵菩提树的。

外在的一切都是障眼法，诸如内心虚空、孤独、工作瓶颈、婚姻破裂、亲子关系恶化、分离与疾病。你需要掌握许多方法来一一化解，化解之日就是菩提花开之时，也是你寻得自己的净土之时。

化解的方法有很多，我统称为"修行"，涉及现实中的所有经历、你为此付出的努力，比如看书、兴趣、咨询、冥想、听课、训练，很多人也会像我一样，书写。

书写的根本在于书写的过程。本篇，我会告诉你三种适合书写的状态。

心思纷乱时

我的一个学员常常心神不宁，经常陷入纠结与矛盾中，他会因为思考要在周末干什么而纠结：带孩子去爬山还是和同学聚会，去父母家还是陪爱人看电影。日子经常在他的纠结中流逝，看书看不进去，听节目听到一半觉得没意思，跑步坚持不了几天，报表一拖再拖。

后来，他用了我教的方法，每当他不知道干什么的时候就开始书写，就从书写不知道做什么开始，在书写时不用刻意考虑写完了做些什么。有时候他会写五分钟，有时候会写五十分钟，持续了几个月，他发现一切都变了，曾经的纠结变成了两种状态：一种是按照书写的指引做一件事，做的时候很清醒，也很踏实；另一种是什么也不做，也不会觉得难受。

书写让他悄悄发生了变化，其实原理很简单：自由的书写让他找到了心中的一方净土，至少在那一刻，他找到了那一刻的净土。比如在周末，他写着写着，回头看写的内容，发现陪孩子、情绪出现得最多，陪同学吃饭和去父母家几乎没有提及，这便是心灵指引的方向，他只管去陪孩子。因为这是那一刻心的选择，如果他做了别的就会难受，也做不好。陪孩子爬山就是心中净土的外部呈现。

无聊时

念头太多让人烦躁不安，念头太少有时候也会让人不通畅，只有接纳、享受所有情绪才算好事，否则感受一定糟糕。比如孤独，你享受它，状态就会变好，你在孤独时悲伤抑郁，状态就会恶化。无聊大多数是指这种状态：外表看起来无事可干，内心的情绪状态其实有些偏抑郁，有种无力感，存在感较低。这样的状态很适合书写。

我有个朋友叫大伟，他的自我功能很不错，就是有时候会莫名感伤，呆呆的，很空虚，每每这时他都会选择睡觉，但醒来更难受，还会做噩梦。我说："那，你为何不试试写下点什么呢？"大伟这样做了，只要觉得无聊就开始胡乱写，不管是在办公室还是在卧室，写着写着，他心情变得开朗起来，因为每次写完，他总能找到事情做，并且都很有意义。

更重要的是，大伟每次觉得空虚都会胃绞痛，时缓时急。自由书写半年后，胃痛居然大大缓解，我知道你可能困惑，但我并不感到意外，你可以去了解一下"心理的躯体化"。这就像中医描述的"通了就不痛了"，心灵也是如此。

人的潜意识着实聪明，它不但会推着人往一个方向走，而且有很多解决办法，但是它们都隐藏着不让你看到，因为你没有给它们出来的机会，它们也没有寻得一个途径，怎么出来帮你解决问题呢？

心灵书写就是一条路径，让这些方法能够走出来。比如大伟总会写道："去泡温泉吧；去拜访一个朋友吧，都好久没见了。"一开始那种无聊的尽头就是一片虚无，书写让这片虚无之地开出了花儿，那里就变成了净土。其实我很想和大伟说："书写本身就是净化，它像是空气净化器，纯净你的心灵。"

仪式

意识到书写已经成为净土后，进行的一系列仪式行为。

当你把一个人、一件事作为心中的净土，他（它）们就变得神圣了，你绝不会草草应付他（它）们，而是心怀感恩地和他（它）们在一起。就像你爱上一个人，不太会不洗脸、不刷牙就去见他。书写也是如此，每个人有自己的习惯，但是，对每个人而言，只有进行了这样的仪式才可以面对心中的净土，否则就是对自己的不尊敬。

狄更斯书桌的某个固定位置如果没有放上"决斗的铜青蛙"和"小瓷猴"，他就无法开始书写。玛丽娜·华纳说："我创作的时候要有一瓶香水、两个扣在一起的牡蛎壳和干红。"村上春树需要"一间安静的房间、一张干净的书桌，最好再有点泰勒曼的音乐"。阿伦·格加纳斯说："我会大声地朗诵自己写的东西。我一个人住，邻居却认为这是一座非常热闹的房子。"文豪们有自己的仪式与行为，无论别人怎么看，他们在坚守，用独特的仪式向文字致敬，同时向内心的净土膜拜。

而越是有疗愈作用的书写，仪式就越虔诚。在纳塔莉·戈德堡的书写仪式中，圣坛、慢走、冥想、静坐、祈祷、素食等构成了一幅禅修的生动画面，而这其中的书写会更加神圣，也会让人更加珍爱自己的每一个念头。这就是净土。我写东西时要足够安静，要有阳光、一杯浓茶、一包烟，而且，我更喜欢在书房的老榆木书桌上写。

以上三种状态都能够让你找到心中净土。任何通往心灵净土的旅程绝不会一帆风顺，不劳而获是最大的邪念，它会吸干你的血液、吞噬你的骨肉，特别是关于人格。人格已经在几千个日日夜夜的浸泡中形成，你想通过一篇文字、一次咨询、一些无关痛痒的沙龙就将之改变，那便是执念。

没有多少人可以像弗洛伊德那样自成一派、百世流芳，但至少你可以暂时放下执念。为了寻求心中净土，受一点点委屈，又算得了什么呢？

7

书写、读书与万物的连接

这本书中，我详细介绍了心灵书写，以及如何运用它探索心灵，这一篇我将和你谈一个更广泛的事实 —— 人本就孤独。

我们苦苦探索内心，希望拥有更加广阔的意识形态，能更立体饱满地看待自己和这个世界，但你别忘了，你本就是这个世界、这个时代、这个历史时刻的一分子，你没办法隔离。你拥有的一切都是整个人类进化史及历史运动的结晶，你的存在也是另外一些人存在的映射，你无法独活，本就在其中。当你探索无尽的潜意识，始终莫忘身后无边的宇宙，你当心怀敬畏地记住这个事实。即便达不到这种境界，至少要有这样的意识，知道你是世界的主人，同时也是广袤宇宙的一粒微尘，你的存在正在推动历史前进，同时也是滚滚历史长河中的一圈涟漪。

文字的诞生是文明的诞生，它是一种无限性的符号，融汇古今。从来没有什么可以像文字那样极具神通，文字的作用超过了任何象征性符

第五章 坚持书写，珍惜当下、回归自由

号，即便是无所不能的互联网，也只是文字的载体。

书写是人们除说话外应用最广泛的沟通模式，从某种意义上说，它超越了语言所不能企及的心灵表达。很长一段时间里，文字优于语言的最大体现是可以世代流传，否则没人知道几千年前发生了什么，也就没有现代人所熟知的历史。

我们先从身边最让你有感觉的谈起。还记得没有手机的年代吗？其实现在的年轻人错过了许多那时的故事。还记得学生年代传递的小纸条吗？内容千千万，但总有一行字挑逗着心灵。那时，互传的纸条就是后来短信息和微信的前身，只不过是纯手工制造。

我还记得我第一次收到小纸条的事情：小学三年级的夏天，坐在后排的同学敲了敲我的后背，我瞄了一眼讲台上的老师，悄悄把左手向后面伸去，张开手心，心跳加速，死死盯着老师镜片后面的眼睛。还好，掌心被快速塞进了个小纸团儿，我急速把手撤回，拿起课本低着头，单手一点一点把球状的纸团儿展开，余光扫着皱巴巴的纸条，还闻到了汗水的味道。

上面歪歪扭扭地写着一行字：快看陈二，哈哈。我立刻把纸条重新揉成球儿塞进抽屉，放下课本瞥了一眼老师，然后左转四十五度，一眼瞅到了陈二——他趴在课桌上睡得正香，口水打湿了方格本。再往下一瞥，只见他宽松的短裤褪下来一半，露出了半拉屁股。扑哧一声，我没忍住。只见一个粉笔头朝我飞来，啪地敲在课本上。"站起来！"老师怒斥，我使劲憋着笑，脸涨得通红，慢悠悠站了起来……

这就是我第一次收到纸条的情景，至今历历在目。后桌如今已经成了一名律师，陈二居然在一所大学当了教授，不知他是否记得自己那半拉屁股蛋儿。枯燥的求学期间，传纸条成了一种高级别娱乐，想必在读这本书的你也会涌上许多关于小纸条的秘密回忆吧。

我想起了杜琪峰导演的电影《枪火》：五个保镖在等大老板，无聊地用脚来回传递一个纸团儿，那种无声的默契和心照不宣或许就是纸条带来的直接体验吧。更重要的是一种未知，里面的内容五花八门，总会吸引着那个年代的少男少女们。很有可能你的第一封情书就是小纸条，上面工工整整地写着"我喜欢你"，这四个字对你而言绝不亚于原子弹爆炸，而且是炸在你心间。它或许是你积攒了很多天的勇气，或许是你无数个不眠之夜的结果，那绝不仅仅只是几个字，分明就是你的整颗心！

在无数作业和练习题的乏味中，纸条就是最原始的心灵书写，里面融合了你最纯真的情感，是你人生中最美丽的心灵私语。此外还有日记、贺卡、明信片、手稿、书信……这些都曾是几代人的心灵书写，是桥梁，连接着两颗火热的心。

之前，大学广播站的几位旧友重聚。席间我拿出了一份手稿，二十年前的，稿纸早已泛黄，字迹却清晰可见，宛如我们年轻时的模样。那一刻，时光回流，不惑之年的你、我、他又回到了那个白衣飘飘的年代。几位播音员手捧旧稿读了起来，她们声音温润、丰盈，却又有些哽咽，恰似旧时的电波再现，带每个人重回校园，而我当时，就站在宿舍阳台上，静静地听岁月流转，听往事如风……

曾经作为编辑的我，回来后一直想写点什么留作纪念，却无从下笔，看着指尖冰冷的键盘，生怕敲不出那些年、那些人、那些故事。而此刻，我看见了少年时的自己——站在学校昏黄的路灯下，读一封家书，持信的手随心跳颤抖、起伏，一滴泪悄然滑落；我看见了一个男同学手捧饭盒，故意在通往食堂的小路上逗留，只为等一个女同学，说一句"好巧"；看见了你们肩并肩在图书馆自习，手挽手漫步在不大的操场；看见了你们在球场挥汗如雨，在学校后面的小饭馆谈理想、谈

第五章　坚持书写，珍惜当下、回归自由

未来……

而那些年的书信，你一个字、一个字地用笔刻在了信纸上，读了一遍又一遍。你用胶水把信封粘得牢牢的，生怕里面的字一不小心飞出几个，丢在风里，再也捡不回。而后，课堂里书声琅琅，一个人双眼望着远方，正在盼望着回信，那时候，等待把思念拉得很长、很长……

相信你也如我一般，走过了那些美好的书写时光。所以，书写不仅是探索内心非常好的工具，还是人与人产生连接最动人的方式。很多时候，你面对心爱的人羞于说出口，书写就成了最好的表白方式，每个笔画都闪闪发光，带着自己的温度，承载着每一个心动时刻，而收到字的那个人同样忐忑，正是书写让双方的心脏以相同的频率跳动，交织共融。

学生时代，我有几个笔友，来自不同省份，彼此通信成了别具一格的存在。因未曾谋面，所以对和自己有着相同爱好的人产生了无尽遐想，那些信往来穿梭于不同城市，也传递着内心深深的眷恋，就好像魔镜，照见了另一个空间的自己。尽管生活让我们失散在人海，但通信的岁月一定会留在彼此心间，永远……

文字让我们了解一个人，那些文学大家有些与我们相距甚远，有些已然故去，但他们的文字就在我们身边，深刻影响着一代又一代人。如果你没有用心品读每一个字，没有一遍又一遍揣摩作者的心思，就无法了解文字书写的真正魅力。

求学期间，我曾被欧·亨利的短篇小说深深吸引，经典的《警察与赞美诗》《黄雀在后》《饕餮姻缘》看得我如痴如醉。故事流畅的表达、反转的情节、匪夷所思的结局都让我着迷。记得我还有个同学也很喜欢读他的书，每次我们俩见面打招呼都是："喂！欧·亨利！"哈，那些难忘的日子呀。如今那本发黄的《欧·亨利短篇小说选》依然放置在我

书橱的正中央,那是 1994 年人民文学出版社出版的,距今已经有二十多年的历史。

当你沉浸在某个人的文字里,你就会和他在一起,无所谓时空。那时的梦里我会见到欧·亨利:有着两撇八字胡,一双犀利无比的眼睛像极了苍鹰。让我拥有同样感觉的还有好多人,那些文坛巨匠们,我与他们从未谋面,却又像熟知多年。

《鲁滨逊漂流记》也是我喜欢的。一个人怀着怎样的心情才能在荒岛生活二十八年?他所经历的一切对我而言如同奇迹。从文明之地骤然进入荒蛮之地,从狩猎、捕鱼、挖洞到制作工具、饲养动物、种植农作物,再到造船、远行、探险,最后到形成文化、日志,和"星期五"建立关系,这一切浓缩了人类进化史很长的一部分。

在阅读这本书时,我常有各种幻想,幻想自己若被无形之力抛在荒岛,会是什么样子,当文明、社会不复存在,所有关系和身份全部消失,我是谁,我该如何证明我就是我?最让我有感触的是鲁滨逊的书写和祈祷,这也是这本书的灵魂所在。正是不停地写、不停地用石块刻字、不停地祈祷,才让这个可怜又坚韧的人重新找回了自己,回到了社会。

《鲁滨逊漂流记》有人物原型,不同的是主人公的原型塞尔柯克在荒岛生存的时间比鲁滨逊短。读这本书时我和丹尼尔·笛福在一起,透过他的作品,我与他遇见了。

《穆斯林的葬礼》也是我喜欢的,几条线索平行又交织,构思极其巧妙,我读了好几遍,真真切切看见了"玉器梁"家族三代的悲情身世与凄美爱情,让我对命运相似的轮回惊叹不已。同时,故事背后的穆斯林文化、民族的兴衰荣辱、宗教仪式与信仰无不在时时刻刻唤醒读者的灵魂。

此外,谈到读书,我有两个人始终绕不过去:一个是古龙,一个是

第五章　坚持书写，珍惜当下、回归自由

弗洛伊德。

古龙的武侠伴随我很多年，直到现在，当我感觉孤独和缺乏勇气时，还会翻开古龙的书。楚留香、胡铁花、西门吹雪、陆小凤、花满楼、李寻欢、萧十一郎、孟星魂、燕南飞；三少爷的剑、傅红雪的刀、长生剑、孔雀翎、霸王枪、离别钩……这一切都会扑面而来，让我深陷其中。

历经江湖的恩怨情仇，看过"大漠孤烟直，长河落日圆"，那些夕阳、断桥、残雪，那一串串风铃，那些热血与美酒，那香艳绝美的女子，那孤单落寞的侠客，那以性命相托的友情，那一场场刀光剑影，早已融进了我的血液。

我已入江湖，再也不愿醒来……有些文字，你要肝胆相照才会惺惺相惜。我与古龙，似早已相识多年。

弗洛伊德深深影响了我，以及我往后的人生。他写的《精神分析引论》我读了三个月，那三个月我什么都没做，所有的时间都给了它，标准的白天八小时上班制，工作只有一件事——读《精神分析引论》，一读就是一百天。

我把每一段、每一句、每一个字都掰开了、揉碎了、咀嚼了，再咽下去。即便如此，再读时，也会有不同的感悟和心得，也依然会有新的疑问。我想，这或许就是经典之伟大吧，它会让你用一生的时间和它在一起，而且一生都觉得不够，若有来世，我还会选它。

最初读《精神分析引论》时，好像弗洛伊德就站在讲台上演说，我在很多人中间，静静听着，矛盾、冲突、存在的价值和活着的意义让我反思、回味。我会因为一句话思索良久，比如："信仰是不容易获得的，如果很容易获得，不久，它们便会失去价值。"我在很多文章中都引用过这一句。人都有自己的理想和目标，而现实却让你纠结：想快速达成目标，但又觉成功离自己很远，遥不可及，想快一点、再快一点，然欲

速则不达。其实，太快了就会焦虑，这时需要停下来审视自己。停下来不仅仅是休息，更是为了看清方向，看清自己在关系里的位置，也是为了将来走得更远。任何梦想都不会轻易达成，坚持和努力才是通往梦想的唯一途径，没有捷径。凡是通过一些手段快速达成目标，你总会在不久后发现，它并不是你真正想要的，从而心生困惑。

"痛苦的存在有个前提条件：一些心理过程在常态的时候没有进行到底，以至于不会出现在意识之中，痛苦的症状就是未完成的心理过程的替代物。"这句话也让我思索良久，我觉得它适用于任何人。在成长历程中，人总会遇到挫折，或许被养育者不恰当地对待，或许受到外界事件的干扰，挫折发生时，人的内心产生了大量情感体验，这些情感并没有完全释放，被压在了潜意识中，只有问题最终得到解决，人才会轻松，否则一有机会就会让人痛苦。

比如父母怎么也搞不明白孩子青春期的变化，不明白他们为何如此痴迷网络游戏而不愿学习。其实孩子的内心发生了很多故事，每次发生都不被家长看见，时间久了便出现了状况。再比如你不明白在爱情里为何总被同一类型的人吸引，那些人让你快乐又让你纠结，无法释怀的时候你总会用"缘分"和"命运"等词来解释自己的遭遇。当你读懂了这本书，你就会知道答案：任何的发生总有意义，人与人的相遇、相离总有内心动力的推动。

虽然现在心理治疗的流派丛生，技术也是此起彼伏、林林总总，但不可否认的是，心理动力学依然是探索内心无意识最好的方法。所以，不管是福楼拜还是海明威，不管是曹雪芹还是鲁迅，也不管你现在看的是谁的文字，你定要珍惜，他们的书写就是他们的心血，而你正在一点一点看见那些鲜红，怎能不感恩呢？

此刻我想，若干年后，某个人（我不确定那时候人的样子）或许在

第五章　坚持书写，珍惜当下、回归自由

读着我这篇文字，那一刻我便活了，而且与他在一起，灵魂的遇见穿越了时空，我要对他说："感谢遇见。"

别人的书写作品被你阅读，你自己的文字又被他人翻阅，人与人之间正是在这种非语言的沟通中互相映射，这就是"神交"。许多人相识一生却形同陌路，有些人未曾谋面却已相知相惜，这就是书写的魅力，字如其人、文若其人，甚至在我看来，自由自在的书写比人本身更具深度，像是自己都不曾了解的那个自己。

书写除了能够让人与人神交、抵御孤独、被照见，从更大范围而言，它能够让人遇见整个历史、文化，穿越古今。先人留下的史诗巨著是人类集体思想之浓缩，四书五经曾影响了我国的历史、文化、政治、经济，这些都是无可替代的精神财富。通过它们，你在遇见一切，无所谓时间和空间。

我非常喜欢《超体》这部电影，主人公最终开启了百分百的潜意识，身体和万物化为一体，无处不在，她可以瞬间去到秦朝的长城，也可以漫步在现代的埃菲尔铁塔下，可以读懂每个人的思想，也可以去到原始社会和人类祖先对话。这部影片形象地描绘了当个体超越了自我，就可以与灵魂交流，象征层面就是突破了时间、空间的束缚。

有大量阅读和书写经验的人，其意识会无限拓展。把心灵交付给文字，文字就是心灵，会让你自由穿梭于各种平行空间，会让你突破狭小的自我桎梏，就像破茧而出的蝴蝶于蓝天白云下，飞舞在百花丛中。

伟大与渺小的意义几乎等同，心电感应与灵魂呼应好像收音机的电波，一直传播开去，寻觅同频的万物生灵。从一张小小的纸条到文学经典，都有文字的魅力、书写的力量。而现在，书本就在你身边，纸笔和键盘就在你眼前，敞开心扉，放飞狭隘的思想，身心一体，走向无极和空灵吧。在那里，你总会找到一切的本源。

8

尾声：结束，只是另一个开始

整个夏天酷热无比，像今天这样凉爽实属难得，最惬意的是天空飘着细雨，而此刻我坐在一座千年古刹的石凳上，整个寺庙就我一人，就连住持也不知云游何处了。其实这并不偶然，我来过这里多次，也带别人来过，只是有些人已消散在人海，所以大多时候都只有我一人，更重要的是，很少有人知道这间寺庙，尽管它已有近千年的历史。

在寺庙被商业化的今天，青云寺始终保持最原始的样子，没有门票、不兜售香火，也没有和尚卜卦，甚至连放生池都没有，不像在其他寺庙里可以看到鱼群。一切都是那么朴素、庄严，又是那么静谧、简单。这就是我喜欢的样子，这就是寺庙的本色，我每次来都会逗留良久，静静待一天，暮色渐浓我才依依不舍地离去，重新回到喧嚣尘世。

今天是周一，我的书写日。我像往常一样，驱车一个钟头，买了干净的葡萄，拿着一瓶水和笔记本电脑，翻过半拉小山脉，穿过青葱槐树

第五章 坚持书写，珍惜当下、回归自由

林。每当这时，我总会打开天窗，让路边荆条的清香飘进车内，洗涤我的肺。

夏天的青云寺藏在群山之中，各种植被把这所古刹揽入翠绿的怀抱。远远望去，能隐约看到大雄宝殿高翘的飞檐，换个角度还能看到若隐若现的青瓦屋顶。我停下车子往深处走去，听见了阵阵诵经声，那是录好的音频，正在循环播放《金刚经》：如是我闻，一时，佛在舍卫国祇树给孤独园，与大比丘众千二百五十人俱。尔时，世尊食时，著衣持钵，入舍卫大城乞食。于其城中，次第乞已，还至本处。饭食讫，收衣钵，洗足已，敷座而坐。

我不是佛教徒，却喜欢去寺庙，喜欢那里的一切。我把葡萄摆放在释迦牟尼佛供台上，双手合十，跟着录音默诵一段，跪拜完毕，来到六角凉亭下，打开了电脑。

雨有些大了，它的沙沙声和远处的蛙叫、周围的蝉鸣、浑厚的诵经声，还有我敲击键盘的声音共同谱写着这个世界。

刚写到此，我突然有种感觉，好像键盘声不属于这里，它不该打扰这片大自然的纯粹之音。于是我站起来往左走数十步，推开两扇红色木门，映入眼帘的是一片竹林，一行台阶蜿蜒通往山顶。若是在别的季节，就会直接看见另一端的石刻龙头，而此刻视线被竹林和荆条遮挡住了。我轻轻拨开沾满雨水的毛竹拾级而上，台阶并不长，雨水纷纷落在竹叶上，也有些洒在我的脸上、头发上，雨水独有的味道让我禁不住深呼吸几口，恨不能将全部空气吸入肺里，让它们和我的每一个细胞融合。

我看见许多蚂蚁和我一起往上走。有一只很大的蚂蚁看见了我这个庞然大物，登时停下来，一动不动，这是它的策略，让我这个不速之客以为它已死掉。我笑了一下，蹲下来，拿出手机靠近它，咔嚓一声，

影像将它记录,希望它没被我打扰。不一会儿我便到了台阶顶端的龙头下。

诵经声越发清晰,我在龙头下合手一拜,随即闭上双眼,用心感受周围,蝉鸣连成一片,时不时掺和几声喜鹊的鸣叫,微风送过来,带着泥土纯纯的味道,雨仿佛小了些。

我想起前几日和体验师围绕着我经常会有的孤独感交谈的那两个小时,我还没有完全参透。在不同阶段,孤独带来的体验是不一样的。近一年,我几乎远离了所有人,和我交往的只有来访者朋友和文字,有时我很享受这一切,有时也会有淡淡的惆怅。

有一天,我正常时间下班,置身在熙熙攘攘的人群中,我竟有些不适应,好像我本不属于这个世界,不属于车水马龙,它们的喧嚣让我无所适从。我已习惯很晚下班,陪伴我的也只有星辰和路灯,其他所有时间我都在工作室,一个人码字、咨询、读书。

老师告诉我,这样的状态很难得,她要我好好珍惜自己的孤独,这是一种力量。我回归了自我,心越来越宽,执着于最钟爱的,于外界不消耗半分力气,这是一种对自我的宽容,也是内心极其丰富的表现,我已不需要通过繁杂琐事和人际来体现价值。

我很感谢老师,之前我换过好几个体验师,都没太有感受,但对她却能说出内心真实的想法,也乐意和她探讨自己深度的潜意识。每个心理咨询师都不能没有自己的体验师,越来越觉得老师于我而言很重要。

我们还谈到了人生的终极无意义感,谈到了死亡,谈到了我正在书写的这本书——我在教授读者用心灵书写的方法探索内心、抵御悲伤、抵达自由之地。老师的话给了我诸多启发,使我停下来审视内心。真实的情况是这样的:当我完全沉浸在书写之中,忘记任何目标和目的,就会感到舒适,感到被滋养、被温暖;当我太看重是否能帮得上他人时,

第五章　坚持书写，珍惜当下、回归自由

就会觉得消耗。对此，我和老师讨论了很多。我的确有这种特质，很容易共情他人，很容易走进他人的故事，以及和他人一起感受生命的点点滴滴，却很少考虑自己。老师一遍又一遍地问我自己的感受，我很不愿意回答，继而沉默，其实我清楚，我忽略了自己的很多需求。

我想，能够看到我的文字的人就是和我同频的人。实际运用书写方法就会疗愈内心，对此我深信不疑，因为我的来访者还有我自己都在不断证明书写的力量和神奇。

谈到我是否继续这本书的时候，老师思索片刻对我说道："你的每个字都是你的心血，它们就是你的一部分，这部作品可以结束了。"老师认真地看着我，我眼眶红了。之前总觉得还需要再告诉读者些什么，思考是否还有一些遗漏，还有哪些方法可以从另一个角度练习，还有哪些人适合自由书写，书写的本质描述得是否深刻，心有苦难的人是否喜欢这样的方法……于是我一篇接一篇地写，根本停不下来。

不知不觉，我已写了这么多，告诉读者我正在实践的方法。它的名字叫心灵书写，具有治疗意义，也经过了验证，你怎么理解它，怎么运用它，怎么缓解恐惧、悲伤、焦虑，怎么抵御孤独和空虚，如何得到你想要的自由状态，在这本书里我都有详细的说明。即便如此，还是觉得没能言尽，若不是老师和我探讨，或许，我还会一直写下去。而此刻，是该结束了。

没有任何人可以把一种方法用于疗愈所有痛苦，我也不例外。我只需要吸引爱书写的人，只需要让他们明白书写是有效的、是值得去实践的，就够了。就像心理咨询，我可以唤醒沉睡之人，但永远无法叫醒装睡的人。每个人都有自己的心灵，那是独一无二的存在，你接受的所有内容最终都要为心灵吸纳，这样才会真的具有价值。

一声闷雷惊扰了我的沉思，雨越来越大，敲打在我头顶，我感受着

古寺的千年沧桑，望着远山无际的松林，缓缓伸开双臂，张开双手，想拥抱这一切。几滴雨悄然滑落手掌，我如此清晰地看见掌心的命运线，它正在无限延伸，冲出了手掌，和脚下的台阶连在了一起，和夏天连在了一起，又随着雨点和天空连在了一起！我手心的纹理啊，就像无数电波透过古寺，穿越千年，穿过了这座山、这座城、这颗星球，伸展到了茫茫宇宙……

我收回手掌，攥紧了拳头，生怕这些意念像时间一样从指缝溜走。我迅速走下台阶，推开红门，看见笔记本和纯净水静静待在石桌上，等着我。于是，我把手松开，任思绪飞扬，攥着的灵感就这样变成叮叮当当的字，响在键盘，响在青云古寺，响在我心间。

这就是心灵书写，一种漫无边际的联想，一丝爱恨交织的思绪，一场心灵回归之旅。

就以此篇作为本书的结束篇吧。事实上，结束意味着另一个开始，在你以后的书写体验里，让文字变成这雨，洗刷一切。

此刻，诵经声不断，我听见：所有众生，若干种心，如来悉知。何以故？如来说诸心皆为非心，是名为心。所以者何？须菩提，过去心不可得，现在心不可得，未来心不可得。

篇外

有些字需要被看见,
正如有些人

我本人的那些年,那些诗

当悲伤化作诗歌,你便不那么悲伤了。

昨夜我在翻找一件旧物,不小心打翻了一个提兜,随手打开,看到几本笔记本,封面早已泛黄,我的心提了一下,一眼便认出是我学生时代的产物,里面承载了青春痕迹。翻开,一张旧报纸掉落下来,捡起来,看到了这首长诗:

丁香花飘零的日子来临
幽幽的花瓣竟忘记了凋落
一群群的蝴蝶迷失在琴键上
翩翩起舞
流失的音符汇成小溪叮咚作响
感动的大海深处泪珠成行

泪珠最终化成了琥珀与红宝石

诉说着一个异国情的故事

红的、黑的蝴蝶难耐凄凉

纷纷飞到树林蜘蛛网的上方

随着大自然母亲的信笺

将誓言写在轻柔的水面上

溅起的涟漪圈圈荡漾

旖旎地将水草谱成乐章

半夜里的星星衬成再一幕辉煌

桂花树下的泉水又一次映出了月亮

倾洒出点点清辉

清辉在斑斓里丢了失落

开放在埃菲尔铁塔下一位才子的手指上

毕加索的眼睛早已闭上

贝多芬的耳朵依旧聆听四方

理查德啊　琴坛盟主

手指一点

让万般情怀都有了归宿

山盟海誓并不都是梁祝的泣哭

远古城墙再也围不住那遥遥的国度

热血缨枪也不只是为了已逝的霸王

它也将随着乐曲起舞在塞外草原上

塞外没有了小人与牛羊

却仍有佳人在水一方

一代佳人啊　阿狄丽娜

> 你跪在铺满枫叶的水旁
>
> 祈祷着和平与善良
>
> 如今的阳光像阿狄丽娜的发丝
>
> 缕缕在枫叶脉搏里歌唱
>
> 又如彩虹般飘向远方
>
> 最终也化作一滴热泪
>
> 从理查德眼角　滴落
>
> 再一次地敲打在了钢琴键上

就算我将这首诗歌敲打在屏幕上，也依然回忆不起来十八岁的我是怀着怎样的心情写下了这首诗。但我记得那个年代的随身听和磁带，曾有一段时间，我一直在听理查德·克莱德曼的钢琴曲。

现在看来，这首诗歌很稚嫩，还有故作沧桑之感，我看见了那个少年的浪漫与梦想。相信在那一刻，一定是《水边的阿狄丽娜》触动了我的心，多年后再次看到，里面藏着些许悲伤，那时我不知道，把悲伤变成诗，便得到了疗愈。

刚我又搜到这首曲子，听到更多的是平和与安宁，我没有学过音乐，也没有参加过任何书写补习班，可至今我仍在用书写这种方式。看来，它是我本能指引的方式，来自我的无意识领域。

心灵书写也是升华了的防御，一提到防御，便又回到了心理范畴，其实我并不想用这个词，听起来好像是一种真实的隔离，但事实往往如此。有心理学基础的人都知道防御机制，简单理解就是人采用了某种工具，并将其化作自体的一部分，目的是为了阻断潜意识难以承受的体验，一般分为低级的、适应的和升华的。

心理治疗的其中一个目的就是将低级防御转化为高级的、升华的防御。因为越是低级的,人付出的代价就越大,比如投射、否认、解离,它们会以分裂自我的形式存在,对自我而言内耗很大。升华的防御具有极高的适应性,比如幽默、利他以及升华本身,升华会以多种形态呈现,从某种意义上说,所有的艺术,不管是音乐、文学、绘画还是舞蹈、雕刻、各类制作,都是升华防御的表现形式。我之所以提倡心灵书写,是因为它就是一种升华:将内心情结转为文字,借此宣泄情绪,探索内心无意识,对人有极大的帮助。

一谈理论就总是枯燥无趣,就像用精神分析剖析美好。再分享两首诗歌,看看它们是怎样驱散一个人内心的孤独的。

《回家》

列车在铁道上隆隆作响

却能轻柔地安慰

回家的渴望

游子的心啊

莫名的焦虑

他们真的不明白

地图上相隔几寸的两个点

怎么会被火车拉得如此漫长

恨不得

把焦虑攥在手中揉碎

让它默默滴下

滴成两杯相思水

一杯给母亲

一杯给故乡

这一首我记得，是在一年暑假归家途中的绿皮车上所写，那年我几乎没回过家，尽管学校离家并不遥远。我真的想家了，于是便有了这首诗。把思念化作诗，你的心便有了方向，这就是书写的心理意义。

青春的记忆离不开朦胧的恋情，至今读来，仍觉青涩美好，终究那是无法回去的时光。

《逃》
当我读懂了你的目光
逃避便成了方向
……
无奈的我走进书房
想寻得一个平静地方
可每本书都有你的模样
和我苍白的诗行
……
我知道我无法逃避
因为 若没了你
我逃避的恰恰是我自己

再次读，回忆里满满的甜蜜，或许你怀念的并不是某个人、某件事，而是那个时候的自己，以及唯有在那个时刻的心跳与惶恐。

很多幻想来自内心无法企及的地方，那里充满各种意念，意念之间往往有冲突，当外部某个现实因素被诱发，冲突转而变成痛苦，痛苦无法忍受就会以症状的形式呈现。若你拿起你的笔，把它们化为字，写成诗歌或是小说，你的冲突就有了去处，给它们一个地方，让它们好生安顿，心就会明朗。

你可以不用书写的方法，但一定不能滥用物质。酒精、性以及各种强迫性思维会缓解症状，而且在某种程度上说，它们带来的兴奋度要超过书写，但这样做会让你经受超我的无情谴责，你会内疚、自我惩罚，最后承受双重痛苦。

要学会与糟糕的感受和平共处，但前提是你要辨认出来，心灵书写就是很好的方式，就像这位朋友：

《雾霭成都行》
一米

钢筋水泥堆砌的森林里
化不开的浓雾弥漫氤氲
一颗颗张皇失措的心
在森林里穿梭游荡
寒衣包裹的灵魂
是否躲藏着伤痕和泪水
浓雾是暗黑的帷幕
忽明忽暗的灯光里
来往的身影如同鬼魅
他们假装欢喜假装亲密假装善意
如配上丝竹清韵鼓吹喧阗
该是一场场精彩喧嚣的演戏

诗外音：男友出轨，我刚好在成都，那天的雾霾特别大。有段时

间,我是这样描写孤独的:

　　我爱的是我自己

　　我追求的东西

　　我已经有了

　　但是愈有愈感缺乏

　　觉得全世界都抛弃自己的时候,会把自己蜷缩在一个角落里,世界小得只剩下自己,孤独感遍及全身,直抵内心。不想联系任何人,也不希望任何人联系自己。仿佛有什么东西把我和外面的世界隔离,外面浓雾重重,我看不见任何人的脸,一丝一丝的冰凉划过内心,那感受不是疼,是透心凉,自己的心好像被紧紧地锁了起来,然后越锁越紧,越锁越紧,最后被关在了一个微小的空间里。一口气喘出去,好像有回音,回来的时候带着凉风,甚至有一阵都不能喘息。

　　那时我还没有学会如何与孤独同行并欣赏它,你们可以看出当时我对孤独是多么无法忍受,正是书写让我学会了与糟糕的体验共处。如今,我为自己的孤独骄傲。

　　所有成长都要经历苦痛,你需要辨认它,就像这位文友对于雾霾的描述,极具特点地借用雾霾释放了无助悲苦的心境。

　　我相信,写下来,坚持写,你就会逐渐找回丢失的自己。

附录 学员书写作品

四月

作者：一米

日子热气腾腾地生长起来

情欲的种子　发芽抽丝

颜色一点点青翠鲜亮

堤边的柳枝

以妖娆的姿势撩动一江春水

阳光热烈起来

探过窗棂

抚摸搔首弄姿的纱幔

血液里有爱情苏醒

暗夜里上演着潮湿的吻

听　空气里飘散着荷尔蒙的声音

距离之外

作者：一米

读你

站在距离之外

我的眼眸轻轻停歇在你的心间

风起无痕飞絮无声

我的叹息浅浅亲吻你的耳郭

花落无声泪落无痕

懂你

留在距离之外

你的寂寞静静绽放在你的眼底

云淡风轻叶落秋深

你的爱意满满荡漾在你的心里

无诉情深欲书帛轻

爱你

守在距离之外

我的牵挂柔柔覆盖你的孤枕

情浓不问相思太沉

你的胸膛紧紧温暖我的余生

红尘共沉来生不问

冰千里：

你的诗像院子里的柴，爱恨堆积，一阵思念的风吹过，烈焰漫天，烧掉了半边唇印。

感谢醉酒

作者：田园守拙

　　昨晚喝酒了，借着酒力，痛快地哭了，而且很大声，是近乎扰民的大声。没有觉得很讨厌自己，虽然真的很丢人现眼，现在书写的手还有点儿抖，酒没有罪过，我醉过了。

　　字迹很乱，我却觉得此刻的我很清醒，不觉得累，反而很轻松、舒爽。模糊的意识里，知道昨晚酒后打扰到了一个陌生友人。不知道怎的就没有了自律，就那样放肆地叨扰了。要求我怎样道歉都不过分，但是心下却决定不道歉了，因为我很轻松，这是许多年来我渴望已久的感觉，我舍不得忽视，也舍不得破坏。出于礼貌，我还是跟友人说了"对不起"。我不是虚伪的人，更不必拿素质来说三道四。

　　想起昨晚一起喝酒的伙伴，根据她店铺的名字，我叫她霞子，是去年装修房子时认识的，我新家的窗帘和所有床品都出自她灵巧的手。霞子长得很好看，是乡村小镇上很容易让人多看两眼的那种俊俏，而且说话利索、有条理。我自觉没有以貌取人的习惯，但我喜欢她的干干净净、清清爽爽，由里到外。

　　霞子也说喜欢我，第一次见面就觉得我们对脾气，是一类人。我们邀约了几次，总是因着这样那样的事没有聚成。昨晚，她终于坐到了我的餐桌旁。有种得偿所愿的满足，所以没有过多的前言赘述，畅快地吃、喝、说，不停地吃、喝、说……像久违的故交，像等了很久的密友。

　　写到这儿,我的手不抖了,字也成行了,也如常地乱了。放下笔,伸展身体,我把头卡在了沙发靠背和扶手中间,这个姿势,不期然地很舒服。

　　早上从友人那儿得了一句话:对往事,能做到不清晰提起就很厉害了。遂想,要不要上课时跟学生讲:"'往事历历在目,清晰如昨'其实是一个病句,是会让人生病的句子。少用,慎用!"

　　霞子特别清晰地讲述她相亲、恋爱、结婚、生子,讲跟公婆的各种争斗,讲与丈夫的热战冷战……我心口不一地劝说她,搬一些从《金牌调解》看来的语句。然而我觉得她似乎更愿意听我的故事,因为她承认自己对我好奇,所以才非常想走近我。不置可否。

　　此刻,我蜷缩在沙发一角,我以为我短粗的身体很难坐成这样的姿势,很好,很适合心疼的时候摆成的样子。

　　我满足了霞子的好奇心,我没有她想象的那般神秘。我只清晰地说了一两件事情,意为现身说法,让她珍惜现有的生活,不管是光彩夺目还是一地鸡毛,不要轻易尝试打乱一个秩序。然而,我的心狠狠地疼了。许多时候,不碰触不等于没有了。

　　我以后不做好奇宝宝了,关于自己,关于别人。

冰千里:
　　这个题目是我取的,酒精、眼泪、霞子,他们都是一样的,都会掀起你内心小小的一角。凡是让你内心起波澜的,都要感恩,他们是你的镜子。另外,醉酒后的字一定是心灵书写,因为那时你的大脑关闭,心却醒着。

凡人

作者：田园守拙

今年的生日，他在十几天前就开始策划了，这是他保持这个习惯的第九年。不说感动。

很久了，总想写出最动人的文字送给他，不夸张，也不渲染。我知道，这不是标榜，也深知不值得炫耀。他很执拗，是不达目的不罢休的那类人。有时甚至是"不择手段"，伤害别人的同时也让自己受到伤害。然而他总是开导我，让我放下过去的种种，淡然地看待世事，活在当下。

中学时我中了琼瑶的毒，总幻想自己该是个纤尘不染的女子，也一直只想做一个单纯、简单、干净的人。实在不想归咎于世事难料，而我本就是跌入红尘的凡人，自然会揽一身红尘事。

当所有意外接踵而来，退无可退时，我才恍然大悟，原来，这才是生活，所有的困难也只是理所应当地砸毁了我的梦，甚至我都不该有埋怨的念头。我想说：幸而有他。他努力把我护在身旁，让我远离世事的悲凉和无常。所以我才能安稳地做我喜欢的事儿——读书、书写。

他有智者的智慧，有常人的庸俗，有异于常人的毅力，也会偶尔顽皮、羞涩。我从来就知道，我和他，从来就不是被世人看好的眷与恋。现如今铺天盖地而来的各种余生：余生，找一个宠你的；余生，找一个聊得来的；余生，找一个让着你的……而我，只有一个余生。我的余生,只想有他,或是有如他一样待我的人。

　　记起闲时,和他喝茶聊天,我们总有话题,绝不会冷场,也会有分歧,有争得面红耳赤时,但只一个对视的眼神、一杯茶的碰触就可以化解。

　　至于此时,我和他已分开一年了。

　　他决然不会想象,我已经能非常自然地坐在小板凳上,跟前院的婶子们、对门的大嫂们围在一起,在太阳底下择着不知哪家的韭菜,听她们东家长西家短地唠着,我竟也能插上一两句话了。

　　如果他在,他会惊讶,更会微笑看着我游刃有余地在阳光下闲话别人的家长里短。其实这样,就够了。

冰千里:

　　要感谢你中了琼瑶的"毒",让你的字柔肠百转又恬静淡然,如同你的心。

我在乎

作者：谢艾贤

身边的小床里躺着小女，给她削了根青瓜，她时而挥着，时而放在没牙的嘴里。耳边响着钢琴曲，我在淘米煮饭。忽然，心里涌起一股感动。

想起一个小故事：潮退了，沙滩上很多小鱼奋力地跳动着，一个小男孩弓着背，把一条条鱼扔回海里。一个大人见了说："那么多鱼，你救得了吗，再说，谁会在乎呢？"小男孩没有抬头，依旧扔着，边扔边说："这条在乎，这条也在乎！"

我的毫不起眼的故事，谁会在乎呢？我，我在乎啊！我终于用拙劣的文笔写出了一点点。我忽然明白，那样的文字并不是为了给谁看而写，所以就算没有回复，我也知足了。

"感激遇见"这个词似乎被用滥了，我不想再用，但确实是你（指冰千里）的文字，勾起了我那些存封的情感。你（指冰千里）所在的城市，他落榜后去过，我还向那里寄过一条围巾。那年冬天，他说"好冷啊"。于是我拿起织针，笨拙地学习织平生第一条围巾。这就是移情吗？

这样一朵花，开在大片的土地里，是那么不起眼，但当镜头聚焦于它，它便变得独特而美丽。我发现人也如此，芸芸众生，一个生命是如此渺小，但只要被看到，生命便会发光。

如果没有这样的人，文字便是我的镜头，一个人要努力看到自己。当然我还是很努力在寻求理解，这也是人的一个需要。

冰千里：

青瓜、钢琴曲、淘米、围巾、咿咿呀呀的小女，还有感受似曾相识，这不是移情，这是真实。文字勾勒出真诚。你说得对，在乎自己，天下就会在乎你。

一个鲜为人知的故事

作者：谢艾贤

高三，因为分数的原因，被编排进职高班。开始很不满，后来接纳了，告诉自己"是金子总会发光"。

松散的班级里是一群不被重视的差生，与其说被放弃，不如说大家都在自我放弃，所以在如此紧张的一年，大家嬉笑怒骂照常。我却按照高考生的标准要求自己，因为不甘心。但我发现，自律与被迫会让人在面对同一场景时产生很不一样的体验。回头看往事，突然发现每一个当下的发生都是那么奇妙。

傍晚时分，校园显得有些清静，吹着舒服的晚风，我正在散步，猛一抬头，看到三楼一男生正在努力地把花台上的垃圾捡起。心里顿时一阵感动，一股冲动让我跑向三楼，笑着对那男生道谢。后来知道，他是隔壁班的。

一日下午，临近放学，突然下起了倾盆大雨。于是，放学铃响后，走廊上站满了无法归家的学子。隔壁班的那个男生也在等雨停。突然，我心跳加速，赶紧冲回宿舍，拿起雨衣，返回后，却犯了犹豫。我跟他素不相识，众目睽睽之下我胆怯，于是默默地从他身边走过。回到班上，坐在我前面的那个男生还没走，在看书，想来也是被雨困住的，我随手把雨衣给了他。

第二天，除了被归还的雨衣，竟还有一篇写给我的文字，这是我始料未及的。他的文字打动了我，至此我喜欢上了他的文字，至此我对他另眼相待。哦，他的笔名叫风。那篇文字，我一遍一遍地看，如获至宝。在文字里，我发现了另一个生命，他会跟我谈梦想，谈他喜爱的书和文字。我的生命被点亮了，是的，我需要这个，精神上的慰藉。

可是，我们两个的生命是被压抑过的生命，文字与现实是两个完全不同的版本。文字里，我们似乎很靠近；现实中，我们甚至从未称呼过对方的名字。是什么压抑了我们的生命，让生命无法绽放属于它们的活力？

我喜欢教室里只剩下我们俩的时候。多希望他能多留一会儿，但他时常先离开。于是我站在走廊上，目送他离开，一次又一次。多希望他回一次头，看见我对他的关注，但始终没有。他与我的同桌、我的朋友谈笑打闹时，我更沉默了。那一刻，我多想自己也能谈笑风生。

又下雨了，我赶紧冲回宿舍，可等拿回雨衣，天却晴了，他也走了。从此我书包里一直放着雨衣，但直到毕业，再也没用过一次。

清理考场，我参与了，墙上贴着他的文章，都被我小心地揭下，一直保存着。在他的文字里，我有深深的自卑，觉得自己似乎永远都写不出那么动人的文字。

毕业后，想与他联系。觅着家人都不在的时候，拿着通讯录，心里七上八下地打鼓，话筒拿起又放下，拿起又放下。终于拨通了，那边却没人接，于是长长出了一口气。再打，那边传来的却是陌生的声音，于是赶紧放下话筒，逃也似的跑了。

多希望他能打电话给我呀！你知道吗，他真的打了，仿佛老天听到了我的祈祷，满足了我的愿望。我的心跳得很快，我几乎不会聊天了。他问我要不要打暑期工，我同意了，还约上了我的朋友。

在工厂，我终于见到了他，但似乎我们离得更远了。他与其他女生打情骂俏，不跟我说一句话，我觉得自己是那么无趣。

终于，他约我出去了。晚风习习，站在古城上，月色如此美好。我的木讷与笨拙让我如此痛苦，我不知道该跟他说什么，真是尴尬。回去后，我在本子上写下想跟他说的话，写下困在我躯壳里的所有言语。往后，用它记录下我们通信的所有信息。我想拿给他看，却始终没有机会。

放榜的消息传来，最不可能落榜的他落榜了。我想安慰他、鼓励他，但发现所有的语言都那么苍白无力。

在另一个城市，突然收到他的来信，我欢欣雀跃，从此开始了等信的日子，直到我们彼此有了手机。这却是我噩梦的开始。

他很少及时回复我的信息，当我灰心绝望时，又会突然收到他的信息，那种喜悦让我欲罢不能。我这是暗恋吗？抑或是自恋？曾几何时一直纠结他是否喜欢过我，当我敢问的时候，他却不明说。

五年之后的一天，短信里他突然说，他要结婚了。我痛哭了一场，他是让我流泪最多的，为他还是为我自己呢？那些伤怀、自怜、自怨自艾……

没有怨也没有恨，有的是深深的感激与祝福，偶尔发生在自己身上的大事儿，还是最想跟他说。

我的生命如此苍白，是因为他的出现，才有那么一点色彩，也是因为他，我才开始热爱阅读，而阅读给了我很多很多的慰藉与帮助。可我心里依然有一个洞，我渴望交流，不是那种话家常。我感到自己如此卑微，有着深深的不配感。可另一方面，我又感到自己有一个高贵的灵魂，可是身边没有人看到它，没有人对它感兴趣。

为什么写下这些文字？因为我发现在你（指冰千里）的文字里，我的这种渴望又被激发了。

冰千里：

我看见了那个女孩，她就在教室里，敏感、聪慧、善良。风没有走，他一直在，就坐在前排。无论岁月如何变迁，我想和你说，爱过即永远。终究怀念的，是那时的岁月，以及岁月中的自己。

另外，你写的字、读的书，让你丰盈饱满，苍白早已远逝。